KB091907

사고와 표현

쓰기와 읽기

사고와 표현
쓰기와 읽기

초판 1쇄 발행 2019년 9월 10일
초판 3쇄 발행 2021년 2월 25일

저자 김장원, 박선경, 윤혜영, 정수현, 정재석
펴낸이 박찬익
펴낸곳 ㈜박이정
주소 경기도 하남시 조정대로45 미사센텀비즈 7층 F749호
전화 031) 792-1193, 1195
팩스 02) 928-4683
홈페이지 www.pjbook.com
이메일 pijbook@naver.com
등록 2014년 8월 22일 제2020-000029호

ISBN 979-11-5848-528-3 03700

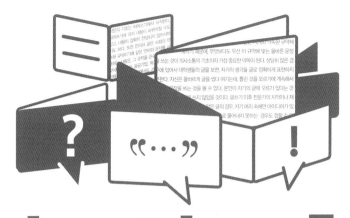

사고와 표현
쓰기와 읽기

김장원 · 박선경 · 윤혜영 · 정수현 · 정재석 지음

(주)박이정

머리말

쓰기와 읽기는 문자 언어로 이루어지는 의사소통 범주이다. 일상생활에서 말하기와 듣기 능력이 중요하듯이 쓰기와 읽기 능력도 원활한 의사소통을 위하여 반드시 갖추어야 한다. 최근 학생들의 표현 방식을 보면 과도하게 경제성만을 고려한 것 같이 느껴질 때가 있다. 줄임말이나 요약적으로 짧게 제시되는 텍스트만으로 의사소통을 하는데, 특히 모바일 메시지 서비스, 메신저, SNS 등에서 쓰기 능력은 크게 중요하지 않은 것처럼 보인다. 이러한 매체에서 '쓰기'는 자음 또는 모음만으로, 혹은 단어 형태의 줄임말, 해시태그(hash tags/#)와 단어로 끝이 난다. 그러나 이러한 일상생활 속 '쓰기' 방식은 자신의 생각을 논리적이고 구체적으로 표현하는 데 분명한 한계가 있다. 인간의 생각은 자음이나 모음, 단어 정도로 표현 가능할 만큼 단순하지 않기 때문이다.

대부분의 대학교에서 필수로 가르치는 '사고와 표현' 교과목들은 학생들의 사고력을 기르고 그 생각들을 잘 표현하는 능력을 키우는 데 목적을 둔다. 이 책 역시 대학생들의 사고력과 쓰기 능력을 향상시키기 위하여 집필한 『사고와 표현: 쓰기와 읽기』 교과목의 강의 교재이다. 하지만 그 내용을 보면 일반 독자에게도 도움이 될 만한 정보로 알차게 채워져 있다.

실전 경험은 없이 책을 통해 개념만 알고 있다는 의미로 '연애를 책으로 배웠어요'라고 하는 말을 들은 적이 있다. 의사소통 능력도 이와 같다. 책을 통해 쓰기와 읽기, 말하기와 듣기에 대한 방법과 기술을 알고 있더라도 실제로 연습하여 경험하지 않으면 그 능력은 나의 것이 될 수 없다는 뜻이다. 따라서 이 책은 쓰기와 읽기에 대한 방법과 기술을 실제적으로 연습할 수 있는 활동을 함께 담고 있다.

보통의 교재들이 글쓰기에만 집중하여 내용을 구성한 데 반해, 이 책은 학생들의 읽기 능력과 사고 능력을 향상시키기 위해 다양한 읽기 자료를 함께 제시하였다. 일반적으로 어릴 때부터 책을 많이 읽으면 글쓰기 능력도 자연스럽게 길러진다고 이야기한다. 책으로 출판된 글들은 대개 논리적으로 구성되어 명료하게 내용이 전달됨으로써 다양한 사고를 가능하게 한다. 또한 문장 오류가 적고 여러 번의 교정으로 어느 정도 정돈된 글들이다. 따라서 이러한 책을 자주 읽으면 자신도 모르게 사고력과 함께 안정된 문장 구조와 어휘를 익히게 되어 글을 쓸 때에도 익숙한 문장 구사가 가능한 것이다.

이 책은 모두 4장으로 구성되어 있다.

1장 '읽기의 과정'은 읽기의 원리와 과정, 방법에 대해 설명하고 다양한 생각을 할 수 있는 읽기 자료를 함께 제시하여 읽기 교육에 집중할 수 있도록 구성하였다.

2장 '글쓰기의 중요성과 기초 다지기'는 글쓰기의 기초인 어문규범을 숙지하도록 구성함과 동시에 자신의 글에 보다 창의적인 내용을 담을 수 있는 발상법을 제시하였다. 또한 글쓰기의 절차를 쉽게 설명하고 실습할 수 있는 활동을 배치하여 글쓰기에 대한 학생들의 막연한 두려움을 없애고자 하였다.

3장 '나를 표현하는 글쓰기'는 학생들이 스스로를 돌아보며 사고를 확장하고 글로 표현할 수 있는 내용을 담았다. 실용적 차원이 아닌 자아 탐색 차원의 자기소개서와 로드맵을 소개하고 학생들이 실습을 통해 사고력과 표현력 모두를 기를 수 있도록 구성하였다.

4장 '글쓰기의 실제'는 대학과 사회에서 모두 필요로 하는 요약하기, 보고서 쓰기, 기획서 쓰기, 프레젠테이션(PT) 능력을 향상시키기 위하여 각각의 방법 및 기술을 제시하였다. 특히 연습문제를 활용하여 실질적 능력 향상에 도움이 되도록 구성하였다.

이 책은 핵심적인 내용과 실습 중심으로 구성하였으며, 집필진은 다양한 글쓰기 교재들을 참고하여 조금 더 쉽게 풀어내고자 노력하였다. 이 책을 통하여 학생과 일반 독자 모두가 쓰기와 읽기의 방법과 기술을 익혀 실제 자신의 생각들을 자유롭게 표현할 수 있기를 희망한다.

2019년 8월
집필진을 대표하여 윤혜영 씀

목 차

'읽기'의 과정

정재석

'읽기'의 과정

1. "읽기란?"

무언가를 '읽는' 행위는 인간만이 지닌 특별한 행위이자 능력이다. 특히 존재론적으로 자신을 확인하는 가장 기본적인 능력이다. 또한 타인과 소통을 하기 위해 갖추어야 할 기본적 조건이기도 하다.

원시 혈거시대를 생각해보자. 2~3만 년 전에 그려진 동굴벽화들은 어떤 이유로 그려졌을까? 경제학적 해석으로는 사냥을 못하는 자들이 자신의 공동생활 영위를 위한 예술적 감성이 발현된 것으로 읽고, 신화학적으로는 주술적 요소가 강하게 배인 요소로 읽어 내기도 한다. 어떤 것이 정답인지 확정할 순 없지만 두 독해 모두 소통을 전제로 한다는 점은 분명하다. 그것을 그린 사람과 그것에 대한 정서적 감흥을 느끼는 사람 간의 소통. 이는 미술만이 아니라 음악, 무용, 그 밖의 유무형의 예술 형식 혹은 스포츠 경기, 사회현상에까지 적용될 수 있다.

읽기의 과정은 대개 두 단계로 진행된다. 텍스트를 읽음으로써 작가와 소통하는 단계가 그 첫 번째고 그것을 자기화하여 재해석하는 게 두 번째 단계이다. 두 단계는 비슷해보여도 전혀 다른 차원을 갖는다. 전자는 텍스트의 소재, 주제 등을 파악하여 작가의 혹은 텍스트의 의도를 찾아내는 것이고, 후자는 텍스트 전체의 의미를 독자 나름의 관점으로 새롭게 해석하는 것이다. 첫 번째 단계에서 두 번째 단계로 사유를 확장시키는 게 중요한 일이나 첫 번째 단계만 잘 해도 훌륭한 독해력을 지닌 것이라 볼 수 있다. 다음의 시 한 편을 보자.

내 기분

강달막

이웃집 할망구가
가방 들고 학교 간다고 놀린다.
지는 이름도 못 쓰면서
나는 이름도 쓸 줄 알고
버스도 안 물어보고 탄다.
이 기분 니는 모르제

　나이 70이 넘어 손자와 함께 학교에 가서 한글을 깨우친 할머니가 자신의 기분을 분명하고 명쾌하게 표현한다. 읽는 이도 마지막 줄의 통쾌한 '한 방'을 읽으며 미소를 짓는다. 짧은 여섯 줄의 시 속에 할머니 평생의 한과 그 문제를 해결한 자신의 노력에 스스로 감탄하는 모든 감정이 담겨 있다. 읽고 쓴다는 것은 이런 것이다. 세상을 알아가는 것이고 그에 대한 자신의 느낌, 사유를 표현하는 것이다.

　해석의 과정을 더해 위의 시를 읽어 본다면 저 시가 지닌 슬픔의 깊이도 읽을 수 있을 것이다. 우선 할머니의 이름을 보자. '강달막'이라는 이름을 해석해보자. 할머니가 살아냈던 시절은 남성중심주의 사회였다. 학교를 보내지 못하더라도 아들에게는 최소한 문자를 해독하는 교육을 시키지만 딸들에게는 그럴 정신적 여유가 없었던 시절이다. '달막'은 '딸 가운데 막내'라는 의미가 담겨있다. 남아선호사상이 팽배했던 시절 딸들만 있던 집안에서 더 이상 딸을 낳지 않겠다는 '단호한' 의지가 이름에 담겨 있는 것이다. 농촌으로 시집가서 평생 자신을 위한 삶을 살아보지 못한 할머니의 '한'이 저 짧은 시에 배어 있는 것이다. 글을 깨친 후 변화된 삶은 '버스도 안 물어보고 타는' 것으로, 이웃집 친구에게 자신의 이름을 쓸 줄 아는 '자부심'으로 대체된다. 맨 끝 줄은 사투리 억양을 넣어 읽으면 훨씬 더 그 언어의 맛이 산다. 일반인이 볼 때 별 것 아닌 것처럼 보이는 이 사소한 변화는 할머니에게는 세상이 변화된, 조금 과장하면 '천지개벽' 수준의 삶의 변화를 보여주는 것이다.

　위의 짧은 예를 통해서 읽기의 과정을 간단히 살펴보았다. 실제 우리가 맞닥뜨리고 읽어

내는 텍스트는 쉬운 텍스트부터 매우 복잡하고 어려운 텍스트까지 다양하다. 문자텍스트에서 예술텍스트, 무형의 텍스트까지 다양하다. 그러나 모든 텍스트를 읽어내는 과정은 동일하다. 먼저 텍스트의 표면에 나타나는 주제 의식은 무엇인지, 텍스트가 지닌 의미는 무엇인지를 찾아내는 것이고 그 다음은 텍스트를 읽어내는 독자의 관점을 그 텍스트에 투영하는 것이다. 두 과정은 작가와 독자, 텍스트와 독자 간의 소통을 이뤄내는 것이다. 두 과정을 거치는 동안, 쉬운 텍스트에서 복잡한 텍스트를 읽어가는 과정 속에서 사유의 힘은 점차 강해질 것이다. 읽고 해석하고 새로운 관점을 창조하고. 이것이 독서의 필요한 이유이다.

2. 읽기의 과정과 방법

독서는 책에 쓰인 글을 읽는 행위를 말한다. 책은 문자가 발명되고 그것을 기록할 수 있는 매체가 마련되고 나서야 만들어질 수 있는 것이다. 그런 점에서 책은 인류 문명의 혁신적인 산물이라 할 수 있다. 따라서 우리는 독서를 통해 폭 넓은 지식을 얻을 수 있으며 문명과 문화의 진화 과정을 확인할 수 있다. 이 과정을 확인하면서 책을 읽는 행위가 어떤 특성을 갖고 있는지도 생각해볼 수 있다.

첫째, 읽기는 글의 의미를 구성하는 심리적 행위를 수반한다. 독자는 글을 읽으면서 정보를 획득 이해하고, 자신의 배경지식을 바탕으로 글 전체의 의미를 구성한다.

둘째, 읽기는 사회적 소통행위를 보여준다. 독서는 책의 정보를 얻는 데서부터 그 이상의 작가와 독자의 상호 의사소통 과정을 담고 있다. 읽기를 통해 작가의 전달하고자 하는 바와 독자의 해석하고자 하는 바가 함께 작용하며 대화적 양상을 띠는 것이다. 읽기 행위를 통해 과거로부터 현재까지, 또한 서양에서 동양까지 시공간의 차원을 넘어 끊임없는 대화는 계속된다.

셋째, 읽기는 새로운 지식을 창출한다. 이는 문화 창조와 관련된 독서 행위로 새로운 지식은 완전한 무(無)의 과정에서 나오는 것이 아니라 기존 지식을 바탕으로 만들어진다. 우리는 독서를 통해 인류가 축적해 놓은 여러 가지 지식을 전수받고 이를 토대로 새로운 지식을 만들어내는 것이다.

1) 읽기의 원리와 과정

- **상향식 과정 모형**: 단어, 문장, 문단의 의미를 파악하고 이를 토대로 글 전체의 의미를 구성해나가는 읽기의 과정을 의미한다. 즉 부분에서 전체를 향해 이루어지는 독해과정이다.

- **하향식 과정 모형**: 독자가 기존에 갖고 있는 배경지식이나 경험을 근거로 글의 내용을 예측하면서 의미를 구성하는 읽기의 과정을 의미한다.

- **상호 작용 과정모형**: 상향식 과정 모형과 하향식 과정 모형을 절충한 형태로 부분에서 전체로 의미를 구성하는 한편 배경지식이나 경험을 적절히 활용하는 독해과정이다.

2) 읽기의 방법

읽기의 방법은 크게 세 단계 과정으로 전개된다. 책을 읽기 전과 읽는 과정 중, 읽기 후의 활동으로 확대되는데 각 단계를 거치면서 읽는 행위는 체계화되고 조직화된다.

읽기 전 활동

1. 글을 읽는 목적을 확인한다.
2. 배경지식을 활성화하여 독서에 대한 마음의 준비한다.
3. 책 내용을 예측한다.
4. 책의 내용에 대해 질문을 만들어본다.

읽기 중 활동

1. 책의 내용을 자신의 표현으로 바꾸어본다.
2. 읽은 내용을 구체적으로 그려본다.
3. 떠오른 의문에 대한 답을 찾으면서 읽어본다.
4. 주어진 내용을 근거로 추론하며 읽어본다.
5. 글쓴이의 입장이나 주장에 공감을 하거나 비판적 시각을 지녀본다.
6. 자신의 입장에서 판단을 내리며 읽어본다.
7. 각자 나름의 다른 대안을 찾아본다.

읽기 후 활동

1. 글의 내용을 요약하고 독후감을 쓰거나 정리해본다.

2. 글의 주제를 파악한다.

3. 새로 알게 된 지식이나 내용을 구체적으로 적용해본다.

4. 자신의 독서행위를 성찰하고 반성해본다.

활동

1. 자신은 1년 동안 몇 권 정도의 책을 읽는다고 생각하는가? 가장 감명 깊게 읽었던 책이 있다면 어떤 책이며 그 책을 통해 얻을 수 있었던 깨달음은 무엇인지 서술해보자.

2. 현대는 이미지의 시대이다. 젊은이들에게 독서 활동이 사유의 힘을 늘려준다고 강조하기엔 그 말의 힘을 상실한 지 오래다. 이제는 문자 텍스트만이 아닌 다양한 텍스트를 읽어야 하는 시대가 되었다. 자신이 가장 많이 접하고 해석하는 텍스트는 어떤 것이 있는지 이야기해보자.

3. 읽기 자료

독 해 력

유시민

세상에는 맛있는 음식이 많다. 그렇지만 '제일 맛있는 음식'을 특정할 수는 없다. 음식 맛이 제 각각이고 사람 입맛도 저마다 다르기 때문이다. 우리는 각자 취향에 따라 맛있는 음식과 그렇지 않은 음식을 구별할 뿐이다. 각자에게 아주 맛있는, 그런대로 괜찮은, 별로인 또는 형편 없는 음식이 있는 것이다. 나는 식재료의 맛이 살아 있는 게 좋다. 냄새와 식감을 중요하게 여긴다. 예쁜 그릇에 담으면 더 좋다. 향신료나 화학조미료 맛이 나거나 지나치게 짜고 매운 것은 되도록 피한다. 하지만 어떤 사람들은 맵고 짠 것을 좋아한다. 취향이 어떠하든 우리는 음식을 먹으면 곧바로 맛을 느낀다. 좋은지 아닌지 먼저 판단하고 이유는 그다음에 생각한다.

맛있는 음식과 그렇지 않은 음식을 구별하는 일반적 기준을 세울 수 있을까? 그렇다. 전문가 들은 사람들이 대체로 공감하는 기준을 제시한다. 글도 음식과 다르지 않다. 글마다 맛이 다르고 읽는 사람 취향도 제각각이기 때문에 세상에서 제일 잘 쓴 글, 제일 잘 쓰는 작가를 특정할 수 없다. 끝내주는 글, 괜찮은 글, 신통치 않은 글, 글 같지도 않은 글을 가려낸다. 그렇다면 잘 쓴 글과 그렇지 않은 글을 나누는 일반적인 기준을 정할 수 있지 않을까? 문학작품은 어떨지 모르겠으나 논술문은 그럴 수 있다.

앞에서 말했듯이 훌륭한 글은 뚜렷한 주제 의식, 의미 있는 정보, 명료한 논리, 적절한 어휘와 문장이라는 미덕을 갖추어야 한다. 만약 이 네 가지 미덕을 갖추는 데 각각 서로 다른 훈련이 필요하다면 글쓰기는 너무나 어렵고 복잡해서 보통 사람은 할 수 없는 일이 될 것이다. 다행히 그렇지가 않다. 이 네 가지는 따로따로 배우고 익히는 게 아니다. 넷 모두 한꺼번에 얻거나, 하나도 얻지 못하거나, 둘 중 하나다.

독해력을 기르는 방법은 독서뿐이다. 결국 글쓰기의 시작은 독서라는 것이다. 독해력은 글쓰 기뿐만 아니라 모든 지적 활동의 수준을 좌우한다. 눈으로 텍스트를 읽고 이해하지 못하는 사람 은 텔레비전을 보거나 강연을 들을 때도 핵심을 잘 파악하지 못한다. 독해력은 체력과 비슷하다. 체력이 부족한 사람은 어떤 스포츠도 잘 할 수 없다. 독해력이 부족한 사람은 글쓰기만이 아니라 논리적 사고를 요구하는 어떤 과제도 잘해내기 어렵다.

독해력은 학업성적을 좌우한다. 독해력이 부족하면 국어나 수능 연어영역 성적만 나빠지는 게 아니라 사회탐구, 과학탐구, 수학 성적까지 모두 떨어지게 된다. 어떤 과목이든 시험문제 자체를 바르게 이해하지 않으면 옳게 풀 수 없기 때문이다. 소위 '스토리텔링 수학'이라는 모토 아래 긴 문장으로 출제한 수학문제는 수학실력이 아니라 독해력이 모자라서 풀지 못할 수 있다. 영어 시험도 주어진 예문을 정확하게 독해하지 못하면 정답을 찾기 어렵다. 독해력이 부족한 대학생, 독해력이 모자라는 직장인은 필요한 자료를 제시간에 구하지 못하며 핵심을 빠뜨린 보고서를 쓰게 된다. 반면 독해력이 좋은 사람은 더 적게 노력해도 더 좋은 학점과 더 나은 업무 평가를 받는다.

독서는 독해력을 기르는 가장 좋은 방법일 뿐만 아니라 사실상 유일한 방법이다. 다른 작가들처럼 나도 새 책을 내면 출판사나 서점이 주최하는 저자 강연을 한다. 질의응답 시간에 꼭 나오는 질문이 있다.

"글을 잘 쓰려면 어떤 책을 읽어야 하나요?"

대개 초등학생 자녀들 둔 어머니들이다. 어머니들은 자녀를 글 잘 쓰는 사람을 키우고 싶어 한다. 그런데 글을 잘 쓰는 데 특별하게 도움 되는 책이 있는지는 모른다. 있다면 그게 어떤 책인지 알고 싶어 한다.

글쓰기에 도움 되는 책이 있을까? 이제 이 문제를 다루어보자. 조정래 선생의 소설『정글만리』 제1권과 마이클 샌델 교수의『정의란 무엇인가』를 읽는 데 시간이 얼마나 걸릴까? 사람마다 다를 것이다. 그렇지만 같은 분량이라면 대개는『정의란 무엇인가』를 읽는 데 시간이 더 긴 시간이 걸린다.『정의란 무엇인가』를 빠르게 읽는 사람은『정글만리』도 짧은 시간에 독파한다.

『정의란 무엇인가』읽는 데 시간이 더 걸리는 것은 무엇보다 이 책이『정글만리』보다 훨씬 많은 정보를 담고 있는 데다 철학적·이론적으로 복잡한 쟁점을 다루었기 때문이다. 그뿐만이 아니라『정글만리』는 논리적 사유의 대상이 될 만한 문제를 감각으로 풀어준 반면『정의란 무엇인가』는 직관으로 느끼는 문제까지도 사유의 대상으로 묶어세운다. 그래서『정의란 무엇인가』를 막힘없이 읽는 사람은『정글만리』를 읽는 데 별 어려움을 느끼지 않는다. 그러나『정글만리』를 술술 읽는다고 해서『정의란 무엇인가』도 술술 읽을 수 있는 것은 아니다. 책이라고 해서 다 똑같은 책은 아니다. 독해하기가 쉬운 책이 있고 어려운 책이 있다. 쉬운 책만 읽어서는 독해력을 키우기 어렵다.

속독(速讀)하는 사람은 모든 책을 빠르게 읽는다. 물론 속도가 중요하지는 않다. 아무리 빠르게 읽어도 내용을 깊게 이해하지 못한다면 별 소용이 없다. 그러나 같은 수준으로 텍스트를 이해한다면 빠르게 읽는 편이 낫다. 같은 시간, 같은 노력으로 더 많은 정보를 획득하고 처리할 수 있기 때문이다. 최선은 빠르게 읽으면서도 깊이 있게 이해하고, 단순이 이해하는 수준을 넘어 비판적으로 해석하는 능력을 기르는 것이다.

[유시민의 글쓰기 특강] (생각의 길, 2015)에서 발췌

1. 글쓴이는 '독해력' 왜 중요하다고 말하는가?

2. 자신이 지금까지 읽은 책 가운데 가장 어렵다고 생각했던 책과 쉽게 읽힌 책은 어떤 책인지 생각해보자. 그리고 그렇게 느낀 까닭은 무엇인지 이야기해보자.

소네트 18

셰익스피어

내 그대를 한여름 날에 비겨볼까?

그대는 더 아름답고 더 화창하여라.

거친 바람이 5월의 고운 꽃봉오리를 흔들고,

여름의 기한은 너무나 짧아라.

때로 태양은 너무 뜨겁게 쬐고,

그의 금빛 얼굴은 흐려지기도 하여라.

어떤 아름다운 것도 언젠가는 그 아름다움이 기울어지고

우연이나 자연의 변화로 고운 치장 뺏기도다.

그러나 그대의 영원한 여름은 퇴색하지 않고,

그대가 지닌 미는 잃어지지 않으리라.

죽음도 뽐내진 못하리, 그대가 자기 그늘 속에 방황한다고

불멸의 시편 속에서 그대 시간에 동화되나니.

인간이 숨을 쉬고 볼 수 있는 눈이 있는 한

이 시는 살고 그대에게 생명을 주리.

(피천득 옮김)

소네트는 14행으로 이루어진 정형시의 하나로, 이탈리아소네트와 영국소네트(혹은 셰익스피어 소네트)로 분류된다. 셰익스피어 소네트는 앞 8행, 뒤 6행으로 이루어져 abab, cdcd-efef, gg의 압운체계를 가지고 있다.

활동

1. 이 시를 읽은 느낌을 서로 이야기해보자.

2. 시는 산문과 달리 이미지를 통해 의미를 전달한다. 이 시에서 자신에게 가장 강렬한 이미지를 전달하는 시어는 무엇이며 그 이유는 무엇인지 써보자.

황만근은 이렇게 말했다

성석제

　황만근은 또한 책에 나오는 예(禮)는 몰라도 염습과 산역(山役)같이 남이 꺼리는 일에는 누구보다 앞장을 섰고 동네 사람들도 서슴없이 그에게 그런 일을 맡겼다. 똥구덩이를 파고 우리를 짓고 벽돌을 찍는 일 또한 황만근이 동네 사람 누구보다 많이 했다. 마을길 풀깎기, 도랑 청소, 공동우물 청소 …… 용왕제에 쓸 돼지를 산채로 묶어서 내다가 싫다고 요동질하는 돼지에게 때때옷을 입히는, 세계적으로 유례가 드문 일에는 그가 최고의 전문가였다. 동네의 일, 남의 일, 궂은일에는 언제나 그가 있었다. 그런 일에 대한 댓가는 없거나(동네일인 경우), 반값이거나(다른 사람의 농사일을 하는 경우), 제값이면(경운기와 함께 하는 경우) 공치사가 따랐다.

　"반근아, 너는 우리 동네 아이고 어데 인정없는 대처 읍내 같은 데 갔으마 진작에 굶어죽어도 죽었다. 암만 바보라도 고마와할 줄 알아야 사람이다. 아나 어른이나 너한테는 다 고마운 사람인께 상 찡그리지 말고 인사 잘하고 다니라. 아이?"

　황만근은 황재석씨의 이런 긴 사설을 들을 때조차 벙글거렸다. 일이 끝나면 굽신굽신 인사를 했다. 춤을 추듯이 흥겹게.

　그의 집에는 그가 수십년 동안 만져온 연장이 그가 아니면 이해할 수 없는 순서로 잘 정리되어 있었다.

봄·봄

김유정

　내가 여기에 와서 돈 한 푼 안 받고 일하기를 삼년하고 꼬박이 일곱 달 동안을 했다. 그런데도 미처 못 자랐다니까 이 키는 언제나 자라는 겐지 짜장 영문 모른다. 일을 좀 더 잘해야 한다든지 혹은 밥을(많이 먹는다고 노상 걱정이니까) 좀 덜 먹어야 한다든지 하면 나도 얼마든지 할 말이 많다. 허지만 점순이가 아죽 어리니까 더 자라야 한다는 여기에는 어째 볼 수 없이 고만 벙벙하고 만다.

　이래서 나는 애최 계약이 잘못된 걸 알았다. 있해면 있해, 삼년이면 삼년, 기한을 딱 작정하고 일을 해야 원 할 것이다. 덮어놓고 딸이 자라는 대로 성예를 시켜주마, 했으니 누가 늘 지키고 섰는 것도 아니고 그 키가 언제 자라는지 알 수 있는가. 그리고 난 사람의 키가 무럭무럭 자라는 줄만 알았지 불배기 키에 모로만 벌어지는 몸도 있는 것을 누가 알았으랴. 때가 되면 장인님이 어련하랴 싶어서 군소리 없이 꾸벅꾸벅 일만 해왔다. 그럼 말이다. 장인님이 제가 다 알아채려서 "어참 너 일 많이 했다. 고만 장가들어라" 라고 살림도 내주고해야 나도 좋을 것이 아니냐 시치미를 딱 떼고 도리어 그런 소리가 나올까봐서 지레 펄펄 뛰고 이 야단이다. 명색이 좋아 데릴사위지 일하기에 싱겁기도 할뿐더러 이건 참 아무것도 아니다.

숙맥이 그걸 모르고 점순이의 키 자라기만 까맣게 기다리지 않나.

언젠가는 하도 갑갑해서 자를 가지고 덤벼들어서 그 키를 한 번 재볼가, 했다 마는 우리는 장인님이 내외를 해야 한다고 해서 맞우 서 이야기도 한마디 하는 법 없다. 우물길에서 어쩌다 마주칠 적이면 겨우 눈어림으로 재보고 하는 것인데 그럴 적마다 나는 저만침 가서 "제-미 키두!" 하고 논둑에다 침을 퉤, 뱉는다. 아무리 잘 봐야 내 겨드랑(다른 사람보다 좀 크긴 하지만) 밑에서 넘을락 말락 밤낮 요모양이다. 개돼지는 풀풀 크는데 왜 이리도 사람은 안 크는지, 한동안 머리가 아프도록 궁리도 해보았다. 아하 물동이를 자꾸 이니까 뼉따귀가 옴츠라 드나부다, 하고 내가 넌즛넌즛이 그 물을 대신 길어도 주었다. ……

<table>
<tr><td>활동</td><td>1. 위의 두 소설은 우리말이 지닌 맛깔스러움을 잘 표현하고 있다. 특히 인물을 직접적으로 혹은 간접적으로 묘사하는 데 탁월한 모습을 보이고 있다. 두 소설에서 보여주고 있는 인물의 묘사 방법이나 서술 방식에 대해 각자의 느낌을 말해보자.</td></tr>
</table>

2. 주변의 인물을 한 사람 선택해서 유심히 관찰해보자. 그리고 자신의 관점을 투영시켜 그를 간단히 묘사해보자.

'청소년을 위한 칼의 노래'라고?

[정윤수 칼럼] 출판의 상업지상주의를 경계한다

추석, 긴 연휴의 틈을 비워, 서점에 갔다. 가서 놀라고 말았다. 많은 사람들이 있어서 놀랐고 대부분 아이들과 함께 동서양의 이야기를 만화로 엮은 책 사이에 몰려 있는 것에 또 놀랐다. 사실 그 쯤이야 이미 일상이 된 바 있어 새롭게, 화들짝, 놀랄 만한 일은 아니었는데 초등학교 1학년인 내 딸도 〈마법의 천자문〉을 쪼그리고 앉아서 읽기 시작했다.

내가 정작 놀란 것은 신간 소설 코너였다. 〈청소년을 위한 칼의 노래〉, 나는 정말 깜짝 놀랐다. 그것은 소설가 김훈의 〈칼의 노래〉를 청소년들이 읽기 쉽도록 새로 고쳐 쓰고 그림과 각주를 단 '청소년본'이었다. 두 책을 구분하기 위하여 '원본'과 '청소년본'으로 구분하여 부르겠다.

내 기억에 그 소설은 한 권으로 출간된 바 있다. 무슨 까닭으로 그 책은 두 권으로 나눠 팔렸고 최근에 청소년본까지 출간된 것이다. 그 과정의 어떤 유의미를 나는 아직도 발견하지 못하고 있다. 왜 한 권을 두 권으로 나눠 출간하고 그다지 길지도 않고 어렵지도 않은 소설을 '청소년본'으로 냈는지 이해하기 어렵다.

잠깐, 나는 방금 〈칼의 노래〉가 '길지도 않고 어렵지도 않다'고 했는데, 아마 반문할 독자도 있을 것이다. 길지 않은 건 분명하지만 '꽤나 어려운 소설 아닌가' 하는 의문도 들 것이다. 물론 그런 점은 있다. 짧게 끊어 치는 인파이터의 문장 사이에는 서늘하면서도 장중한 바람이 잉잉 불어대고 있으니 틀림없이 쉬운 소설은 아니다. 그러나 '청소년본'을 낼 만큼 어려운가 하면 그것은 아니라는 생각이다.

설령 어떤 소설이 대단히 난해하며 여러 겹으로 둘러싸여 거의 주술에 가까운 귀기를 내뿜는다 해도 그것을 '이해하기 쉽도록 풀어 쓴다'는 것은 소설에 대한 모욕에 다름 아닌 것이다. 손창섭이나 박상륭의 소설이 아무리 난해하다 해서, 그것을 해체/재구성하여 청소년들을 위한 판본을 달리 출간하는 것은 볼펜을 꽉 움켜쥐고 새벽까지 글을 쓰다 지쳐 쓰러진 소설가의 뒷통수에 찬물을 끼얹는 것에 다름 아니다. "선생, 뭘 그리 어렵게 사슈."

예를 하나 들겠다. 박경리의 〈토지〉도 청소년본이 따로 있다. 마침 추석도 지냈으니 원본의 첫 페이지를 읽어보자.

이 소설도 여러 사정으로 출판사를 자주 옮겨다녔는데 1993년 솔출판사본으로 보겠다. 제1편의 제목은 '어둠의 발소리'. 1백 여 년 전의 한가위로부터 소설은 시작한다. 풍요로운 들판과 흥겨운 가락에도 불구하고 소설의 첫머리는 음산하고 적막하다. 최참판 댁의 장려한 운명을 예고하는 듯한 심란한 단어들이 곳곳에서 배수진을 치면서 이 소설이 한가롭게 풍경 묘사로 끌려가는 것을 단단히 붙들어매고 있다.

이를테면 '최참판 댁 사랑은 무인지경처럼 적막하다. 햇빛은 맑게 뜰을 비쳐주는데 사람들은 모두 어디로 가버렸을까.'(12쪽), 혹은 '쓸쓸하고 안쓰럽고 엄숙한 잔해 위를 검시하듯 맴돌던 찬바람은 어느 서슬엔가 사람들 마음에 부딪쳐와서 서러운 추억의 현을 건드려주기도 한다.'(14쪽) 등의 황량한 서정이 〈토지〉의 서두를 압도하고 있는 것이다.

그런데 '토지문학연구회'가 '엮은' '청소년본'(이룸출판사)에서 그 대목들은 과감한 생략에 '힘입어' 문장 사이의 온도가 사뭇 다르게 변하고 만다. "평사리에서 제일가는 부잣집 최 참판댁 뜰에도 햇살이 화사하게 비추었다. 다섯 살배기 계집아이 서희는 뜰 안을 팔랑팔랑 뛰어나녔다. 혹시 넘어져서 다치기라도 할까봐 조마조마한 봉순이가 서희 뒤를 쫓아다녔다. '넘어지면 큰일 난다 캤는데, 애기씨'"

이런, 이건 전혀 다른 소설이다.

집필기간 26년이요 등장인물이 700여 명에 이르는, 말 그대로 '대하장편'이므로 청소년들이 읽기에 부담이 될 수는 있다. 그래서 원본의 1/6로 과감하게 줄여서 '청소년본'을 냈는지도 모른다. 원본의 압도적인 질감을 어느 정도는 되새기려고 고생은 한 듯하다.

그러나 부질없는 고생이다. 우선 누군가 이 청소년본을 읽는다면 그는 '원본은 따로 있다'는 생각에 사로잡히고 말 것이다. 아마 원고지 5000매 가량의 '청소년본'을 사는 순간부터 '언젠가는 21권짜리 원본 세트를 사서 읽어야지'하는 압박을 느낄 것이다. 청소년본만 읽고 만다면 그는 『토지』를 전혀 읽지 않은 셈이며 다만 조금 길게 요약한 줄거리를 읽은 것에 불과하다. 그가 만약 성실한 청소년이라면 지나치게 친절한 출판사 때문에 두 번 고생을 할 것이다.

자, 이번에는 문제의 책 『청소년을 위한 칼의 노래』를 보자. 원본이 대하장편인가? 그렇지 않다. 원래 한 권으로 출간된 적도 있다. 수백 명의 인물이 복합적으로 얽혀 있는가? 그렇지 않다. 조선과 일본의 수군들이 수천 명이나 등장하지만 그것은 단지 '수천 명'일 뿐 주목할 만한 인물을 너댓이다. 윌리엄 포크너나 제임스 조이스처럼 끝없이 쉼표로 이어지는 복합문의 나열인가? 그렇지 않다. 제목처럼 칼날같이 끊어치는 단문이 대세다.

그런데 왜 청소년본을 따로 출간하는가? 그 사색의 우물이 깊고 난해한가? 혹시 그럴 지도 모른다. 그러나 그것은 문장의 표면에 착색되어 있지는 않다. 이를테면 "나는 보았으므로 안다"(1권 19쪽)와 같은 문장? 독자들은 저마다의 교양 수준과 인생 경험으로 전율을 느낄 만한 이 단호한 스타카토 문장 사이로 스며드는 것이다. 이제 막 몽정의 짜릿한 황당함을 느꼈을 청소년도 예외는 아니다.

『칼의 노래』 청소년본은, 『토지』가 그러하듯이, 삽화와 자막들이 자주 나온다. 나는 이것이 소설 읽기를 방해하는 저주받을 악이라고 생각한다. 그 많은 삽화와 자막에 의하여 독자들은 문장 사이로 스며들지 못하고 어떤 상황을 '비주얼'로 직역해준 그림에 의존하여 줄거리를 잇기만 할 뿐이다. 문장 속의 깊은 우물로 들어가지 않고 삽화에 문자를 짜맞출 뿐이다.

이는 문장 속에서 우주를 꿈꾸는 청소년들의 빛나는 상상력을 무시하는 출판상업주의의 얄팍한 상술이다. 또한 세상을 쉽게 설명하고 마는 비주얼의 마력에 대항하기 위해 악착같이 걸기어린 문자에 매달린 소설가의 각오를 배반하는 악덕이다.

청소년을 위한 '재집필' 부분도 많지 않다. 예컨대 '꽃피는 숲에 저녁노을이 비치어, 구름처럼 부풀어오른 섬들은 바다에 결박된 사슬을 풀고 어두워지는 수평선 너머로 흘러가는 듯싶었다' (원본, 17쪽)는 문장을 '꽃피는 숲에 저녁노을이 비쳐 들었다.

구름처럼 부풀어오른 섬들은 바다에 묶인 사슬을 풀고 수평선 너머로 흘러가는 것 같았다'는 정도로 바꾸었다. 문장이 두 개로 나누고 '결박'과 '듯싶었다'가 다른 단어로 바뀐 것인데 그 변화가 '청소년을 위한' 것인지 의문이다. '결박된 사슬'과 '묶인 사슬'의 차이는 무엇이며 '듯 싶었다' 와 '것 같았다'의 차이는 무엇이란 말인가?

게다가 더 놀라운 것은 원본의 내러티브를 청소년본이 과감하게 해체/재구성하고 있다는 점이다. 나는 처음에 저자/출판사 측에서 '쓸 데 없는' 줄거리나 '지나치게' 사색적인 문장을 빼거나 고쳤을 거라고 생각했는데, 읽어 보니 원본의 순서를 대대적으로 바꿔 놓은 것이 많았다. A-B-C-D를 A-D-B-C 식으로 섞어놓은 것이다.

엄밀히 말해 '청소년본'이 아니라 '개작'에 가까운 것인데 어떻게 부르든 간에 그 이유를 알길이 없다. '청소년본'이라고 하기에는 원본의 스산한 정서가 여전하며 줄거리 또한 축약되거나 '선명'해지기 보다는 원본의 패를 뒤섞은 것에 불과해 보인다. 저자 자신이 '청소년본'임을 밝혀 두고 있으니 '개작'이라고 부를 수도 없다. 처음 이 소설을 쓸 때 "19세 이상 사용가"를 염두하고 썼는지도 의문이다.

출판사 측에서 홍보용으로 만든 청소년본의 띠지(책 표지에 씌워진 홍보용 전단)는, 출판사와 소설과 김훈 모두를 모욕하는 단어로 채워져 있는데 "논술과 수능 준비를 위한 가장 중요한 예비 텍스트"란 말, 그리고 뒷표지에 적힌 "네티즌 선정 노벨 문학상 후보 차세대 우리작가 1위" 등의 수사는 지우개로 박박 지워야 할 만큼 천박하기 짝이 없다.

물론 김훈은 중요한 작가다. 어떤 일로 문학평론하는 사람과 통화를 할 일이 있었는데, "요즘 김훈 만한 작가가 있습니까"라는 그의 말, 지금도 동의한다. 그럼에도 유보적이다. 아직 문학적인 한 세대가 지나지 않았다. 무슨 문학상을 타고 대통령이 추천하고 많이 팔리고 하는 것은 무엇보다 김훈답지 않은 어수선한 풍경이다.

http://www.ohmynews.com/ArticleView/article_view.asp?menu=s10600&no=189678&rel_no=1&back_url=

1. 위의 칼럼은 우리나라 출판 시장의 씁쓸한 단면을 날카롭게 지적하고 있다. 이에
   대한 글쓴이의 주장을 간단히 정리해보자.

2. 독서는 작가와 독자가 텍스트를 통해 긴밀한 의사소통을 하는 과정이다. 독서를 통해 얻을
   수 있는 희열의 감정을 얻는 과정에는 어떤 것이 있는지 경험을 통해 이야기해보자. 또 이러
   한 감정이 '게임'과 같은 각자의 취미생활을 하면서 느끼는 희열의 감정과 어떤 공통점과
   차이점이 있는지 설명해보자.

사랑 손님과 어머니

주요섭

집에 오니 어머니는 문간에서 기다리고 있다가 나를 안고 들어왔습니다.

"그 꽃은 어디서 났니? 퍽 곱구나."

하고 어머니가 말씀하셨습니다. 그러나 나는 갑자기 말문이 막혔습니다. "이걸 엄마 드릴려구 유치원서 가져왔어" 하고 말하기가 어째 몹시 부끄러운 생각이 들었습니다. 그래 잠깐 망설이다가,

"응, 이 꽃! 저, 사랑 아저씨가 엄마 갖다 주라구 줬."

하고 불쑥 말했습니다. 그런 거짓말이 어디서 그렇게 툭 튀어 나왔는지 나도 모르지요.

꽃을 들고 냄새를 맡고 있던 어머니는 내 말이 끝나기가 무섭게 무엇에 몹시 놀란 사람처럼 화닥닥하였습니다. 그리고는 금시에 어머니 얼굴이 그 꽃보다 더 빨갛게 되었습니다. 그 꽃을 든 어머니 손가락이 파르르 떠는 것을 나는 보았습니다. 어머니는 무슨 무서운 것을 생각하는 듯이 방 안을 휘 한 번 둘러보시더니,

"옥희야 그런 것 받아 오문 안 돼."

하고 말하는 목소리는 몹시 떨렸습니다. 나는 꽃을 그렇게도 좋아하는 어머니가 이 꽃을 받고 그처럼 성을 낸 줄은 참으로 뜻밖이었습니다. 어머니가 그렇게도 성을 내는 것을 보니까 그 꽃을 내가 가져왔다고 그러지 않고 아저씨가 주더라고 거짓말을 한 것이 참 잘되었다고 나는 속으로 생각했습니다. 어머니가 성을 내는 까닭을 나는 모르지만 하여튼 성을 낼 바에는 내게 내는 것보다 아저씨에게 내는 것이 내게는 나았기 때문입니다.

주요섭, 「사랑손님과 어머니」 내용 일부

1. 위 소설 「사랑손님과 어머니」는 어린 딸 옥희의 시점으로 서술되어 있다. 이를 어머니의 시점으로 바꾸어 서술해보자.

2. 시점을 바꾸어 서술해 본 결과 바꾸기 전과 후의 두 글은 어떤 느낌의 차이가 있는지 이야기 해보자.

3. 자신의 하루 일과를 2인칭 시점으로 바꾸어 써보자.

하필이면

장영희

몇 년 전인가 십대들이 즐겨 부르던 유행가 중에 '머피의 법칙'이라는 노래가 있었다. 확실히 기억은 안 나지만 가사가 대충 이랬다. "화장실이 있으면 휴지가 없고, 휴지가 있으면 화장실이 없고, 미팅에 가도 하필이면 제일 맘에 안 드는 애랑 파트너가 되고, 한 달에 한 번 목욕탕에 가도 하필이면 그날이 정기 휴일이고" 등등 '무슨 일이든 어차피 잘못되게 마련이다.'라는 '머피의 법칙'을 코믹하게 묘사하고 있다.

이 노래에 나오는 '하필이면'이란 말은 분명히 '왜 나만?'이라는 의문을 전제로 한다. 그러니까 남의 인생은 별로 큰 노력 없어도 모든 일이 잘 되어 나갈 뿐더러 가끔은 호박이 넝쿨째 굴러오는 것 같은데, 왜 '하필이면' 내 인생만은 아무리 기를 쓰고 노력해도 걸핏하면 일이 꼬이고, 그래서 공짜 호박은커녕 내 몫도 제대로 못 챙겨 먹기 일쑤냐는 것이다.

그런데 억울하기 짝이 없는 것은 그게 내 탓이 아니라는 거다. 순전히 운명적인 불공평으로 인해 다른 이들은 벤츠 타고 탄탄대로를 가는데, 나는 펑크 난 딸딸이 고물차를 타고 비포장도로를 가고 있는 것이다.

아닌 게 아니라 하루하루 살아가면서 나도 '머피의 법칙'을 생각할 때가 많다. 한 예로 내 열쇠고리에는 겉으로는 구별이 안 되는 열쇠가 두 개 달려 있는데, 하나는 연구실, 또 하나는 과 사무실 열쇠이다. 열쇠에 유성 펜으로 방 번호를 표시해 놓으면 그만이지만, 그러기도 귀찮고 또 그냥 재미도 있고 해서 내 방에 들어갈 때마다 둘 중 아무거나 꽂아 본다. 그런데 참으로 이상한 것이, 수학적으로 따져 볼 때 확률은 분명히 반반인데, '하필이면' 연구실 열쇠가 아니라 거의 과 사무실 열쇠가 먼저 손에 잡혀 두 번씩 열쇠를 돌려야 하는 일이 열이면 아홉이다.

그뿐인가, '하필이면' 큰 맘 먹고 세차한 날은 갑자기 맑은 하늘에서 비가 오고, 무엇을 사기 위해서 줄을 서면 바로 내 앞에서 매진되고, 더욱이 얼마 전에는 길거리를 걸어가다가 내 어깨에 새똥이 떨어지는 일도 있었다. 나는 망연자실, 한동안 서서 나의 '하필이면'의 운명에 경악했다. 1천만 서울 인구 중에 새똥 맞아 본 사람은 아마 손가락으로 꼽을 정도일 텐데 '하필이면' 그게 나라니!

물론 이보다 더 중요하고 근본적인 '하필이면'도 있다. 남들은 멀쩡히 잘도 걸어 다니는데 왜 하필이면 나만 목발에 의지해야 하고, 어떤 사람은 펜만 잡으면 멋진 글이 술술 잘도 나오는데 왜 하필이면 나만 이 짤막한 글 하나 쓰면서도 머리를 벽에 박아야 하는가. 그렇다고 다른 재주가 있느냐 하면 노래, 그림, 손재주 그 어느 것 하나 내세울 게 없다. 하느님은 누구에게나 나름대로의 재능을 골고루 나눠주신다지만, 아무리 생각해도 '하필이면' 나만 깜빡하신 듯하다.

언젠가 치과에서 본 여성지에는 모 배우가 화장품 광고 출연료로 3억 원을 받았다는 기사가 실려 있었다. 3억이면 내가 목이 쉬어라 가르치고 밤 새워 페이퍼 읽으며 10년쯤 일해야 버는 액수인데, 여배우는 그 돈을 하루만에 벌었다는 것이다. 그건 재능이나 노력과는 상관없이 오로지 타고난 생김새 때문인데, 그렇게 나의 의지와 상관없이 일어난 일 때문에 불이익을 받는다는 건 아무리 생각해도 불공평한 일이다.

나는 내가 잘빠진 육체는 가지지 못했어도 그런대로 아름다운 영혼을 가졌다고 생각하지만, 아마 내 아름다운 영혼에는 3억 원은커녕 3백 원도 주는 사람이 없을 것이다. 그러니 어차피 둘 다 못 가지고 태어날 바에야 아름다운 몸뚱이를 갖고 태어날 일이지 왜 '하필이면' 3백 원도 못 받는 아름다운 영혼을 갖고 태어났는가 말이다. 그래서 '하필이면'이라는 말은 내게 한심하고 슬픈 말이다.

그런데 어제 저녁 초등학교 2학년짜리 조카 아름이가 내게 던진 '하필이면'은 전혀 그렇지가 않았다. 길거리에서 귀여운 팬더 곰 인형을 하나 사서 아름이에게 갖다 주자 아름이는 눈을 동그랗게 뜨고 환한 미소를 지으며, "그런데 이모, 이걸 왜 하필이면 내게 주는데?" 하는 것이었다. 다른 형제나 사촌들도 많고, 암만 생각해도 특별히 자기가 받을 자격도 없는 듯한데, 뜻밖의 선물을 받았다는 아름이 나름대로의 고마움의 표시였다.

외국에서 살다 와 우리말이 아직 서투른 아름이가 '하필이면'이라는 말을 부적합하게 쓴 예였지만, 아름이처럼 '하필이면'을 좋은 상황에 갖다 붙이자 나의 '하필이면' 운명도 갑자기 찬란한 빛을 발하기 시작한다는 걸 깨달았다. 내가 누리는 많은 행복이 참으로 가당찮고 놀라운 것으로 변하는 것이었다.

도대체 내가 전생에 무슨 좋은 일을 했기에, 하고많은 사람들 중에 '하필이면' 내가 훌륭한 부모님 밑에 태어나 좋은 형제들과 인연 맺고 이 아름다운 세상을 살고 있는가. 아무리 노력해도 헐벗고 굶주리는 사람들이 그토록 많은데 왜 '하필이면' 내가 무슨 권리로 먹을 것 입을 것 걱정 없이 편하게 살고 있는가. 또 나보다 머리 좋고 공부 열심히 하는 사람들이 얼마나 많은데 왜 '하필이면' 내가 똑똑한 학생들을 가르치고 있는가. 게다가 실수투성이 안하무인인데다가 남을 위해 하는 일이라곤 하나도 없는 나, 장영희를 '하필이면' 왜 많은 사람들이 도와주고 사랑해 주는가(우리 어머니 말씀으로는 양순하고 웃기 좋아하는 나의 성격 때문이라는데, 그렇다면 잘빠진 육체보다 아름다운 영혼을 타고난 것이 얼마나 다행한 일인가).

'하필이면'의 이중적 의미를 생각하니 내가 지고 가는 인생의 짐이 남의 짐보다 무겁다고 아우성쳤던 좁은 소견이 새삼 부끄럽다. 창문을 여니, 우리 학생들이랑 일산 호수공원에 놀러 가기로 한 오늘, '하필이면' 날씨가 유난히 청명하고 따뜻하다.

수필집 〈내 생애 단 한 번〉 수록, 2002년 제1회 '올해의 문장상' 수상작

활동

1. '하필이면' 자신에게 일어난 불행한 일들이 있는지, 있으면 어떤 일인지 동료들과 이야기해보자.

2. 생각을 바꾸면 세상이 다르게 보일 수 있는 예를 찾아 짧은 글로 표현해보자.

'백주부' 백종원에 열광? 맞벌이엄마 사랑 결핍 때문

황교익

"백종원 씨는 전형적인 외식 사업가다. 그가 보여주는 음식은 모두 외식업소 레시피를 따른 것이다. 먹을 만한 음식을 만드는 건 쉽다. 백종원 식당의 음식은 다 그 정도다. 맛있는 음식은 아니다."

백종원의 음식에 대해 평가해 달라 하여 이렇게 한마디 했더니, 백종원을 "깠다" "디스했다"는 말을 붙인다. 그를 까고, 디스할 이유가 있겠는가. 직업상 관찰하고 평가했을 뿐이다. 이 원고를 보낸 후 백종원 씨의 인터뷰 기사를 읽었다. 내 일과 뜻을 알아준 백종원 씨에게 감사한다. 이 글도 그렇다. 백종원은 스스로 외식 사업가라고 한다. 외식 브랜드만 30여 개다. 그러니 '전형적 외식 사업가' 맞다. 그의 레시피가 외식업소의 것이란 사실도 방송에서 "이건 우리 가게 비밀인데" 같은 말로 스스로 밝힌다. 이 레시피의 음식을 두고 "먹을 만한 음식"이지 "맛있는 음식이 아니다"고 한 것도 음식을 전문으로 하는 직업인은 다 알아듣는다. 단맛을 중심으로 하여 적당히 밸런스를 맞춘 양념을 바르면 그 어떤 것이든 먹을 만해진다. 백종원의 음식을 맛있는 음식으로 평가할 수 없는 까닭을 그의 말에서도 찾을 수 있다. 그는 방송에서 외식업소의 성공 비결은 '맛이 30, 분위기가 70'이라 했고, 좋은 식재료를 사겠다고 새벽시장에 갈 필요는 없다고 했다. 외식업 운영 요령으로 보자면 그의 말이 다 맞다. 그는 훌륭한 외식 사업가다.

백종원 음식에 대한 평가를 해달라 해서 인터뷰의 내용이 거기에 머물렀지, 내가 관심을 두고 있는 것은 백종원이 아니라 백종원에게 열광하는 대중이다. 백종원 얼굴 아래에 뾰롱뾰롱 뜨는 이모티콘의 대중 말이다.

"맛있는 음식의 수는 이 세상 어머니의 수와 같다." 누군가 멋을 부려 만든 말인데, 단순히 줄이면 "엄마의 음식은 무조건 맛있다"이다. 이때에 엄마란 각자의 엄마다. 남의 엄마가 해준 음식은 무조건 맛있지 않다. 내 엄마의 음식이 내 입에는 늘 딱 맞다.

인간은 포유동물이다. 태어나면 얼마간 어미의 품에서 자란다. 젖먹이 이후에 어미는 젖먹이 때의 친밀감을 유지하며 자식의 입에 음식을 밀어 넣는다. 이게 맛있는 음식이다, 이걸 먹어야 건강하다, 이건 평생 먹어야 하는 것이다 하는 마음을 담아 어미가 먹인다. 독립해 혼자 입맛 교육을 하는 것이다. 포근한 어미의 품에서 사랑스러운 어미의 눈길을 받으며 먹는 음식은 자식에게는 음식이 아니라 엄마의 사랑으로 각인된다. 그래서 모든 인간은 엄마의 음식을 맛있다 하고, 평생을 엄마의 음식 같은 음식을 찾아 헤매게 되는 것이다.

방송에서 백종원을 '백주부'라고 한다. 집안에서 요리를 담당하는 사람이 주부다. 주부는 대체로 엄마다. 백주부를 '백종원 엄마'라고 풀면 백종원에 대한 대중의 열광이 어디서 비롯했는지 알 수 있다. 대중이 백종원을 통해 얻으려는 건 엄마의 음식, 엄마의 사랑, 그렇다, 엄마다.

백종원에게 열광하는 이들 중 1980~90년대생이 많다. 결혼 여부와 관련 없이 독립적인 생활을 하는 젊은 세대다. 공부며 일에 바쁘고, 1인 가구 등으로 구성원이 단출하니 밥을 해서 먹는 게 귀찮다. 여기까지만 보면 그들이 백종원에게 열광하는 까닭을 "쉽게 요리하는 비법을 전수한다" 정도로 정리할 수 있다. 하지만 내가 보기엔 그렇지 않다. 쉽게 요리하는 비법은 이미 인터넷에 지천으로 널려 있다. 만능 양념장 같은 것은 그 다양한 레시피가 방송으로도 자주 소개됐다. 1990년대 이후 출간된 요리책도 '초간단'을 콘셉트로 내세운 것이 부지기수다. 백종원에 대한 열광은 요리 비법 따위와는 아무 관련이 없다고 보는 것이 정상적인 사고다.

열광은 결핍의 산물이다. 결핍돼 있으니 무엇엔가 집착하는 것이다. 1980~90년대 생에게 발견되는 결핍은 엄마다. 엄마의 사랑이다. 그들이 태어났을 때에 한국은 고도 자본주의 사회로 막 진입했다. 대가족은 핵가족으로 해체되고 결혼한 여자가 바깥일을 하지 않으면 생계를 유지하기 어렵게 됐다. 맞벌이가 일상화했다. 1980~90년대 생은 한국 맞벌이 부부의 1호 자식들이다.

바깥일을 하니 엄마는 늘 바빴다. 아침은 토스트와 콘플레이크로 대충 때우고 부부는 각자의 일터로 아이는 어린이 방으로 가야했다. 젖 떼고 먹는 게 보육교사의 음식이었다. 저녁이면 엄마는 지쳐있었다. 엄마의 사랑을 받아먹은 기억이 없다. 어떤 음식을 맛있다 하고 기준을 잡을 것인지 몸의 기억으로 각인할 기회가 없었다.

이들에게 텔레비전의 백종원은 '대체 엄마'이다. 맞벌이로 바빠 내게 요리 한 번 가르쳐준 적이 없는 엄마와 달리 부엌의 엄마가 그렇듯 약간 귀찮은 표정으로 잰 체하며 비법을 날린다. 넉넉한 엄마의 마음으로 시청자의 투정을 받아준다. 어떤 때에는 우리 엄마처럼 진짜로 살짝 삐치기까지 한다. 뒤늦게, 백종원의 음식이 엄마의 음식으로 각인된다.

'백종원 엄마'의 음식을 두고 내가 "맛없다" 했으니 화가 날 만도 할 것이다. 이럴 바에야, 진짜 엄마한테 진짜 엄마 손맛을 배우면 어떨까. 엄마도 그때에 맞벌이하느라 사랑을 듬뿍 주지 못한 것에 마음 한구석이 늘 짠할 것이다.

《문화일보》 (2015. 07.10.)

1. 위의 글에서 글쓴이가 '백종원 현상'에 대해 분석한 것을 어떻게 생각하는지 각자 이야기해보자. 긍정하든 부정하든 그 이유에 대해 설명해보자.

2. '백종원 현상'에는 현대 대중들의 다양한 욕구가 반영되어 있다. 그 욕구에는 어떤 것이 있는지 위에 설명한 내용 이외에 어떤 것이 있는지 간단하게 글로 표현해보자.

1. 걷잡다 / 겉잡다

걷잡다 : 1. 한 방향으로 치우쳐 흘러가는 기세를 거두어 바로잡다.
 2. 마음을 진정하거나 억제하다.
겉잡다 : 겉으로 보고 대강 짐작하여 헤아리다.

용례

- 눈물이 **걷잡**을 수 없이 흐른다.
- **겉잡**아도 사흘은 걸린다.

2. 계제 / 개재 / 게재

계제 : 어떤 일을 할 수 있는 적당한 형편이나 기회
개재 : 어떤 것들 사이에 끼여 있음
게재 : 글이나 그림 따위를 신문이나 잡지 따위에 실음.

용례

- 지금은 이것저것 가릴 **계제**가 아닙니다.
- 이번 협상에는 수많은 변수가 **개재**되어 있다.
- 그의 논문이 유명 학술지에 **게재** 되었다.

3. 갱신 / 경신

두 단어는 같은 한자(更新)를 사용하나 내용에 따라 읽는 방법이 다름.

갱신 : 계약이나 서류의 유효기간이 만료되었을 때 그 기간을 연장함.
경신 : 1. 기록경기에서 종전의 기록을 깨뜨리고 더 좋은 기록을 냄.
 2. 이미 있는 제도나 기구 따위를 고쳐서 새롭게 함.

용례

갱신 : 운전면허증을 **갱신**하다.

경신 : 류현진이 메이저리그 평균자책점 기록을 **경신**하다.

4. 너머 / 넘어

너머 : 명사로서 공간적인 위치나 장소를 나타낼 때 사용.

넘어 : 동사로서 동작을 나타낼 때 사용.

용례

너머 : 산 **너머** 남촌에는 누가 살고 있을까?

넘어 : 홍수로 인해 강물이 **넘어** 마을로 들어왔다.

5. 담그다 / 담구다, 잠그다 / 잠구다

담그다 : 김치를 담그거나 장류를 담글 때 오랫동안 통에 넣어 삭히거나 발효시키는 것

담구다 : 틀린 표현

잠그다 : 문이나 수도꼭지 등을 돌려 막는 것.

잠구다 : 잠그다의 사투리

6. 눈꼽 / 눈곱, 배꼽 / 배곱 어떤 게 맞는 단어일까?

'눈곱'과 '배꼽'이 맞는 표현이다. 눈꼽과 배곱은 비표준어이다.

7. 복수 표준어 인정 단어

꼬시다 / 꾀다 / 꼬이다

(어떤 사람이 다른 사람을) 그럴듯한 말이나 행동으로 속이거나 부추겨 자신이 의도한대로 행하도록 하는 의미의 단어의 표준형은 '꾀다'나 '꼬이다'를 썼으나 현재는 그 속어로 '꼬시다'도 허용한다. 이와 유사하게 '개개다/개기다', '속병/속앓이', '딴죽/딴지' '짜장면/자장면' '섬찟/섬뜩' '허접하다/허접스럽다' 등도 복수 표준어로 새롭게 허용되었다.

8. 문안하다 / 무난하다

문안하다 : 웃어른께 안부를 여쭈다.

무난하다 : 1. 별로 어려움이 없다.

          2. 이렇다 할 단점이나 흠잡을 만한 것이 없다.

          3. 성격 따위가 까다롭지 않고 무던하다.

문안하다 : 먼저 할머니께 **문안**하고 방으로 들어섰다.

무난하다 : 워낙 **무난**한 사람이라 웬만한 일에는 화를 내지 않는다.

9. 자연을 본따 만든 조형물 / 자연을 본떠 만든 조형물

복장 터지다 / 복창 터지다

무릎팍도사 / 무르팍도사

어떤 게 맞는 표현일까?

'자연을 본떠 만든 조형물', '복장이 터지다', '무르팍도사'가 맞는 표현이다.

10. 짜깁기 / 짜집기

짜깁기 : 1. 직물의 찢어진 데를 그 감의 올로 본디와 같이 흠집없이 짜서 꿰매는 일.

　　　　　2. 어떤 일이나 이야기의 내용을 이리저리 꿰어 맞추는 일.

'짜집기'는 잘못된 표현.

세탁소에서 구멍 난 바지를 **짜깁기**해서 수선했다.

11. 지양 / 지향

지양 : 더 높은 단계로 오르기 위해 어떠한 것을 하지 않음.

지향 : 어떤 목표에 뜻을 모으거나 뜻이 쏠려 그 쪽으로 향함.

지양 : 환경 보호를 위해서는 무분별한 개발을 **지양**해야 한다.

지향 : 누구나 행복한 결혼 생활을 **지향**하지만 현실은 다르다.

12. 쥐어 / 쥐여

그이 손에 돈을 '쥐어 / 쥐여' 주었다.

'쥐어'의 기본형은 '쥐다'인데 타인의 손에 돈을 쥐게 한 행위는 피동형으로 써야 함으로 이 경우엔 '쥐여'가 맞다.

'쥐어'는 능동형임으로 '나는 펜을 쥐어 들고 글을 쓰기 시작했다.'로 쓸 수 있다.

13. 저리다 / 절이다

저리다 : 1. 뼈마디나 몸의 일부가 오래 눌려서 피가 잘 통하지 못하여 감각이 둔하고 아리다.
2. 가슴이나 마음 따위가 못 견딜 정도로 아프다.
3. 뼈마디나 몸의 일부가 쑥쑥 쑤시듯이 아프다.
절이다 : '절다'의 사동사
1. 푸성귀나 생선 따위에 소금기나 식초, 설탕 따위가 베어들다.
2. 땀이나 기름 따위의 더러운 물질이 묻거나 끼어 찌들다.
3. 사람이 술이나 독한 기운에 의해 영향을 받게 되다.

용례
모처럼 운동을 했더니 온몸이 **저리다.**
운동을 했더니 온몸이 땀에 **절었다.**

14. 재고 / 제고

재고(在庫) : 아직 상점에 내놓지 않았거나 팔다가 남아서 창고에 남아있게 된 물품.
제고(諸苦) : 어떤 대상이나 사실에 대하여 다시 생각하여 헤아림.

용례
재고 : **재고** 정리를 하려고 창고를 깨끗하게 청소했습니다.
제고 : 대표님 그 결정은 **제고**를 해봐야 합니다.

15. 으레 / 의례

으레 : 두말할 것이 없이 당연한, 틀림없이 언제나
의례 : 행사를 치르는 일정한 법식이나 전례에 의한 뜻

용례
으레 : 그는 **으레** 삶은 고달픈 것이니 생각하며 살아왔다.
의례 : 그곳의 사람들은 나이가 차면 어른이 되는 통과 **의례**를 엄격히 거행한다.

16. 재개(再開) / 재게

재개(再開) : 한동안 중단되었던 일이나 활동을 다시 시작함.
재게 : 재빠르게

용례

재개 : 중단되었던 6자 회담을 **재개**했다.

재게 : 손흥민이 발을 **재게** 놀려 골을 넣었다.

17. '율'과 '률'

한자어 률 '律'은 모음이나 'ㄴ'받침 뒤에 올 때는 '율'로 적으며 그 외의 경우와 외래어 다음에는 '률'로 적는다.

용례

율 : 백분율, 사고율, 모순율, 비율, 실패율, 환율, 선율, 전율

률 : 출석률, 성공률, 도덕률, 취업률, 입학률, 합격률, 숫률

18. 접두사 '윗 / 위 / 웃'

'윗' : 위와 아래의 대립이 있을 때는 접두사 '윗'을 쓴다.

용례

윗도리, 윗니, 윗입술, 윗눈썹, 윗목

'위' : 거센소리나 된소리 단어 앞에서는 접두사 '위'를 쓴다.

용례

위쪽, 위층, 위채

'웃' : 위와 아래 대립이 없는 경우에는 접두사 '웃'을 쓴다.

용례

웃어른, 웃돈, 웃옷(겉에 입는 옷)

19. 맞추다 / 맞히다

'맞추다' : '비교하다'

'맞히다' : '옳은 답을 대다', '적중하다'의 의미

맞추다 : 계산을 **맞추어** 보다. / 음식의 간을 **맞추다**.

맞히다 : 우승팀을 **맞히다**. / 정답을 **맞히다**.

20. '되라' / '돼라'

'되라' : 되+-(으)라 - 간접명령

'돼라' : '되-'에 '어'로 시작하는 어미가 연결되어 줄어든 경우

되라 : 교수님께서는 즐기는 일을 하는 사람이 **되라**고 말씀하셨다.

돼라 : 네 얼굴이 무척 안**돼** 보이는구나. / 긍정적인 사람이 **돼라**.

21. 사이시옷 넣는 법

(1) 한자어+고유어 / 고유어+한자어 / 고유어+고유어 : 사이시옷 적용

   * 뒷말의 첫소리가 'ㄴ, ㅁ'나 모음으로 시작하는 단어 앞에서 'ㄴ'소리가
     첨가될 때
     예) 아랫니, 제삿날, 곗날, 잇몸, 텃마당
   * 뒷말의 첫소리 모음 앞에서 'ㄴㄴ' 소리가 첨가될 때
     예) 뒷일, 베갯잇, 가욋일, 홋일
   * 뒷말의 첫소리가 된소리로 발음될 때
     예) 나룻배, 머릿기름, 혓바늘, 전셋집,

(2) 한자어+한자어 : 사이시옷을 적지 않음.

   * 초점(焦點), 외과(外科), 전세방(傳貰房), 기차간(汽車間)
   * 예외가 있음
     예) 곳간(庫間), 셋방(貰房), 숫자(數字), 찻간(車間), 툇간(退間), 횟수(回數)

02

글쓰기의 중요성과
기초 다지기

박선경 · 정수현

글쓰기의 중요성과 기초 다지기

1. 작문의 기초

오랜 과거와 현재, 먼 미래는 글의 기록을 통해 우리 삶에 현현한다. 이천 년 전 향가가, 오백 년 전 조선실록이 지금까지도 우리의 삶에 영향을 미치는 것은, 그 당시 조상의 감성과 지식, 일상과 상상력을 문장으로 남겼기에 한국문화를 형성해 올 수 있었던 것이다. 글쓰기가 없었다면, 글의 기록이 없었다면 인류는 지식과 문명을 쌓아올 수 없었다. 그만큼 글을 쓴다는 것은, 과거의 모든 것을 남게 하고, 현재를 기록하며, 미래를 설계하는 작업이다. 인간을 다른 동물과 달리, 문화적 종족으로 남게 한 결정적 이유가 된다.

대학(大學)은 배움을 크게 한다는 의미를 갖는다. 최고 학부인 대학은 배움의 끝자리에서 일방적인 지식 쌓기를 너머, 학생들 스스로가 세상에 자기의 의견과 목소리를 낼 수 있도록 하는 교육을 목적으로 한다. 세상을 움직이고 이끌어 가는 지성적 인재가 되기 위해선, 많은 지식을 습득하고 이를 자기의 것으로 소화하여 자신의 생각과 기술을 세상에 표현해 내야 한다. 이 때 자기의 의견과 식견을 타인에게 제대로 표현, 전달한다는 것은 잘 다듬어진 글을 쓰는 것과 다르지 않다.

언어와 글은 세계와 약속된 규약체계이기 때문에, 무엇보다도 우선 이 규약에 맞는 올바른 문장을 쓰는 것이 의소소통의 기초이자 가장 중요한 덕목이 된다. 상당히 많은 경우에 있어서 대학생들의 글을 보면, 자기의 생각을 글로 정확하게 표현하지 못한다. 자신은 올바르게 글을 썼다 여기는데, 틀린 것을 모르기에 계속해서 어긋난 문장을 쓰는 것을 볼 수 있다. 본인이 자기 문장이 오류인 것을 알았다면 그렇게 쓰지 않았을 것이다. 글쓰기 이후 전문가의 지적이나 재검토가 필요한 이유이다. 또 많은 글의 경우, 자기 머리 속에만 아이디어가 있지, 남이 그것을 이해할 수 있도록 글로 풀어내지 못하는 경우가 흔하다.

자기도 모르는, 자기 글의 틀린 점을 고치려면, 우선 전문가의 지적을 받아 자기 글이 틀림을 먼저 알아야 하며, 그 이후에는 자기의 글을 의심의 눈초리로 반복하여 읽으며 수정해 나가야 한다. 평생 글을 쓰는 전문가도 자기의 글을 끊임없이 수정해야 올바른 글이 되는 법이다. 하물며 사회준비생들은 이 점을 주목하고 자신의 글에 대해 끊임없이 되돌아보며 수정하는 자세를 견지해야 한다.

글과 말은 남과 소통하기 위한 매개라는 점에서, 글 쓸 때 가장 중요한 것은 그 글을 읽는 독자의 이해 여부, 수용 여부를 전제로 고심해야 한다는 것이다. 사회생활이 곧 공동체 생활이기에 우리는 공동체 누구와도 원활한 소통을 하기 위해서, 그 근간인 글과 말에 대해서 심혈을 기울여야 하는 것이다.

더불어 문장과 글에서 우리는 직장 생활, 공적 생활을 시작하고 끝낸다는 점을 새롭게 인식해야 할 것이다. 집필고사나 자기소개서를 통해 직장과 조직에 입문하며, 사업기획서 등의 각종 기획서나, 시장조사 등의 다양한 보고서, 각종 계약서 및 협약서, 여러 종류의 품의서 등 문장과 글쓰기를 통해 공동체의 사무가 진행된다. 또 결과 보고서나 성과 보고서 등 평가 보고서를 통해 일이 마감된다. 이러한 과정에서 제대로 된 글쓰기와 훌륭한 내용의 서류를 통해 자신의 능력은 평가되는 것이다.

또한 일상생활에서도 문자나 각종 SNS를 통해 우리는 끊임없이 글쓰기를 한다. 요즘은 어린 사람들마저도 띄어쓰기나 맞춤법을 가지고, 그 사람의 역량을 평가한다고 하지 않는가!

따라서 개인사나 세계사나 우리는 문장과 글을 떠나서 '사(史)'를 형성할 수도, 기억될 수도 없다. 문장과 글을 통해 생활과 생각을 기록하거나 계획함으로써, 우리는 과거와 미래를 현재 시간 속에 끌어드릴 수 있었다. 즉 쓰여진 글을 통해 인류는 선조들의 지식과 문명을 배우고, 이를 후세에 전달할 수 있었고, 미래에 대한 상상력을 문장화하고 구체화함으로써, 역사의 실체와 문명을 만들어 온 것이다. 이렇듯이 글은 세계인의 문명과 문화의 보고(寶庫)이며, 모든 학문과 지식의 원천이 됨을 새롭게 인식해야 할 것이다.

1) 띄어쓰기

작문의 기초는 띄어쓰기에서 시작한다. 띄어쓰기에 따라 내용이 바뀌어질 수도 있고, 내용이 정확히 전달되지 않아서이기도 하다. 또한 언어와 글은 사회의 약속된 규약이기에 같은 언어와 문자를 사용하는 사람은, 그 규칙을 준수해야 하는 것이다.

회사, 공공기업, 학교, 관공서, 단체 등 어떠한 조직에서도 서류 상에 띄어쓰기가 잘못되어 있을 경우, 그것은 글쓴이의 실수이자 잘못으로 평가된다. 가까운 예로 어느 대학의 교원, 직원, 행정원이라도 띄어쓰기가 잘못되어 있는 경우는 글쓴이의 실수가 되는 것이다. 실수가 분명하게 드러나고, 그것이 중복될 때에는 분명 그 사람의 능력으로 간주됨을 잊어서는 안될 것이다.

사회에서 '띄어쓰기'를 틀릴 경우는 기초가 안된 글이라 하여 접수가 안되거나 발표조차 안되는 것이 각종 행정기관이나 직장의 기업 풍토이다. 띄어쓰기 오류를 2-3번 지속할 경우, 그 글쓴이는 기초가 안된 사람으로 평가받는다. 이후에라도 제대로 된 구성원이 되기 위해서는 반드시 올바른 띄어쓰기를 습득해야 하는 것이다.

요즘은 SNS나 문자를 보낼 경우도, 띄어쓰기를 틀리게 쓰는 사람의 경우 매력이 반감된다는 통계도 나와 있다. 이는 우리의 일상적 관계나 사회생활에서 띄어쓰기가 아주 기초적인 지식이지만, 이를 제대로 수행하지 못할 경우, 자신에 대한 저평가로 이어진다는 점을 분명히 알아야 할 것이다.

직장인의 경우, 대학교육에서 배운 과목 중 직장 업무를 수행하는 데 있어 가장 활용도가 높은 것은 〈작문〉과 〈컴퓨터 활용〉 과목이라는 통계가 나왔다. 직장인들의 설문조사에서 〈작문〉 과목이 가장 많이 활용되었다는 통계는 30여년간 지속적으로 산출되어 왔다. 또한 〈컴퓨터활용〉도 컴퓨터로 문서 작업을 할 때, 즉 서류나 기획서 작성 등 대부분 글쓰기로 진행된다는 점에서, 올바른 글쓰기는 사회생활, 공적 생활의 전제이자 기초가 된다는 점을 명심해야 할 것이다.

이렇게 글쓰기의 중요성을 강조하는 이유는 많은 대학생의 경우, 틀린 문장으로 글을 쓰고 있다는 현실과 자신이 문장을 틀리게 쓴다는 것 자체를 스스로 모른다는 점에 있다. 문장이 틀리고, 띄어쓰기 기초가 안 되어있다면, 이는 사회의 기본적 규약마저 지키지 못하는 것으로, 이를 방치한다면 남들에게 제 실력을 인정받지 못하게 되며 따라서 자기 실현할 수 있는 기회조차 얻을 수 없다는 점을 명심하고, 기초부터 튼튼히 한다는 마음가짐으로 임해야 할 것이다.

아래의 〈띄어쓰기 규칙〉 24개 항목은 띄어쓰기 원칙 중 90% 이상을 정리요약한 것이다. 원칙은 다 포함하고 있으나 예외사항들이 많아, 예외적인 것을 다 합하면 한권 책만큼의 분량이므로, 아래 24개 항목만큼은 충분히 익혀서 사용하도록 하자.

띄어쓰기 규칙

(1) 단어는 띄어 쓰되, 조사는 윗말에 붙여 쓴다.

원리 : 띄어쓰기 원리 중 가장 큰 원리로 의미가 있는 단어는 띄어쓰고, 뜻이 없는 조사는 붙여쓴다. 문장은 실질형태소와 형식형태소로 이루어진다. 실질형태소는 '의미'가 있는 단어를 의미하며, 형식형태소는 각 단어를 문장으로 잇는 '형식'적 역할을 하는 것이다. 따라서 단어는 의미를 갖기에 띄어 쓰고, 조사는 형식의 기능을 갖기에 의미 있는 말에 붙여 쓴다.

- **실질형태소** : 의미가 있음 - 의미별로(단어별로) 띄어쓴다.
- **형식형태소** : 문법 기능 - 붙여쓴다. 형식형태소에는 조사, 접사, 선어말어미가 있다.
  - ① **조사** : 격조사 (이/가, 을/를, 이다)

    보조사 (~까지, ~에, ~로부터, ~에서, ~만, ~부터...)
  - ② **접사** : 접두사 - 개나리, 개살구, 개떡, 치솟다.

    접미사 - 지우개, 덮개, 받침대, 마개
  - ③ **선어말어미** : 존칭 선어말어미, 시제 선어말어미
    - 존칭 : -시-
    - 시제 : 었, 았 / ~은다. ~ㄴ다./ ~겠, ~ㄹ

(2) 의존명사는 띄어 쓴다.

아는 것이 힘이다, 좋은 걸로 주시오, 다 사람 나름이다.

⇒ 척, 양, 듯, 것, 바, 따름, 때문, 대로, 만, 뿐 : 의존명사는 띄어쓴다.

인내할 따름이다. 아는 척하다. 본 바가 없다. 슬픈 양하여, 시작하는 대로 하죠.

들었을 뿐이다. 화낼 만도 하다. 참을 뿐이다.

※ 조사 - 마저, 밖에, 커녕, 대로, 만, 뿐 - 붙여쓴다.

⇒ 당신마저, 너밖에, 비커녕 구름도 없다. 나대로 알아볼게. 너만 알고 있어. 가진 것은 이 것뿐이다.

원리 : 명사에는 보통명사, 고유명사, 대명사, 추상명사, 의존명사, 수사가 있다. 의존명사는 문장 안에서 홀로 쓰이지 못하는, 비자립적 명사를 의미하는 말이다. 문장 안에서 관형사나 그 밖의 수식어가 선행되어야만 쓰일 수 있다.

(3) 의존명사가 앞말에 붙어 굳어진 것은 띄어 쓰지 않는다.

※ 아래 7개의 의존명사는 예외사항으로 외울 것
- 것 : 이것, 저것, 탈것.
- 이 : 이이, 저이, 지은이
- 번 : 이번, 저번, 먼젓번
- 편 : 그편, 왼편, 건너편
- 쪽 : 이쪽, 양쪽, 오른쪽
- 즈음 : 요즈음, 그즈음, 이즈음
- 나절 : 반나절, 한나절

(4) 단위를 나타내는 명사는 띄어쓴다.

- 굴비 한 갓, 오이 한 거리, 쌀 한 말, 오징어 한 축, 옷 한 벌

(5) 단위를 나타내는 명사라도 순서를 나타내는 경우나, 숫자와 어울려 쓰이는 경우에는 붙여 쓸 수 있다.

- 두시 삼십분 오초, 제일과, 일학년 3반, 보병 제5사단

(6) '빛, 색'이 붙은 빛깔 이름은 붙여 쓴다.

- 빛 : 붉은빛, 연두빛, 하늘빛
- 색 : 검은색, 파란색, 얼굴색

⇒ 그러나 그 빛깔이 어떠함을 나타내는 말이 앞에 오면 '색'을 띄어쓴다.

　　누르스름한 빛, 저 높은 하늘 빛, 피보다 더 붉은 색

(7) 수를 적을 때는 우리 글에서는 '만' 단위로 띄어 쓴다.

• 십오억 육천칠백팔십삼만　사천칠백구십일

　주의 : 아라비아 숫자는 천 단위로 콤마(,)를 쓴다. 34,567,890개

(8) 수를 나타내는 말 앞에 붙는 '몇'은 붙여쓰고, 명사 앞에 오는 '몇'은 띄어 쓴다.

• 붙여 씀 : 몇십 년, 몇천만 명

　띄어 씀 : 몇 사람, 몇몇 학교에서는

　원리 : '몇'도 수(數)를 의미하고, '십'이나 '천만'도 수이므로, 함께 붙여 쓴다.

(9) 두 말을 이어주거나 열거할 적에 쓰이는 다음의 말은 띄어 쓴다.

• 이어주거나 열거하거나 붙여보지만
• 뛰고 달리고 기어서

　원리 : 연결어미는 문장의 내용을 이어주는 낱말을 의미한다. -어서, -여, -나, -지만,
　　　　-고 등의 연결어미 뒤에는 띄어 쓴다.

(10) 보조용언은 띄어 씀을 원칙으로 하되, 경우에 따라 붙여 씀도 허용한다.

• 꽃이 시들어 간다. : 꽃이 시들어간다.

　내 힘으로 막아 낸다. : 내 힘으로 막아낸다.

　그는 크게 될 성 싶다. : 그는 크게 될 성싶다.

　원리 : 용언은 어미를 활용한다는 의미로, 동사와 형용사가 있다.

　　　　용언에는 본용언과 보조용언이 있다. 본용언은 본래의 의미를 갖으며, 보조용
　　　　언은 용언 뒤에서 자기의 본래 뜻보다는 본용언을 돕는 역할을 한다.

　　　　'시들어간다'는 '시들다'와 '간다'라는 두 용언이 붙은 것으로 뒤에 붙은 보조용

언 '간다'는 원래의 뜻 GO의 의미보다는 진행의 뜻을 담아, 시드는 것이 진행된다는 의미를 갖는다.

(11) 보조용언의 앞말에 조사가 붙는 경우에는 보조용언을 붙여 쓰지 않는다.

- 음식을 먹어도 보고, 책을 읽어도 보고

  원리 : 형식형태소 뒤에는 띄어쓰기 한다.

(12) 보조용언의 앞말이 합성용언인 경우에는 보조용언을 앞 말에 붙여쓰지 않는다.
(용언을 세 개까지 붙이지 않는다.)

- 이 속에 뛰어들어 보아라, 날아갈 듯하다, 끌려가지 않는다.

(13) 명사의 아래, 어원적 어근 혹은 부사의 아래 '하다'가 붙어 한 낱말로 된 것은 붙여 쓴다.

- 생각하다, 누르스름하다, 기뻐하다, 잘하다, 말랑말랑하다

(14) 명사에 접미사 '화'가 붙은 말에 다시 '하다, 시키다, 되다'가 붙을 경우에는 붙여 쓴다.

- 도시화하다. 안정화시키다. 공동화되다. 강화시키다. 산성화되다.

(15) '하다'가 붙을 수 있는 명사에 '되다, 시키다'가 붙어, 한 낱말이 된 것은 붙여 쓴다.

- 결정되다. 안정시키다. 진행시키다.

(16) 명사에 접미사 '하다'가 붙은 말이라도, 그 앞에 명사를 꾸미는 관형어가 올 경우에는 '하다'를 띄어 쓴다.

- 말하다 : 쓸데없는 말 하기는 쉽다. (말하기)

  생각하다 : 딴 생각 하지 마시오. (생각하다)

이야기하다 : 재미있는 이야기 하시오. (이야기하다)

원리 : 관형어는 체언(명사, 대명사, 수사)을 꾸미기에 체언 뒤에 오는 용언 '하다'를 띄어쓴다.

= 그러나 부사어가 올 경우에는 띄어 쓰지 않는다.

말하다 : 크게 말하시오

생각하다 : 다르게 생각하지 마시오.

이야기하다 : 재미있게 이야기하시오.

원리 : 부사어는 용언을 꾸미기에, 명사 뒤에 용언 '하다'가 함께 붙는다.

(17) 실질 형태소가 서로 어울려 어미가 '-기'로 끝나는 말로서, 하나의 동작이나 하나의 상태를 나타내는 술어는 붙여쓴다.

- 가지고르기, 거름주기, 흙바르기, 이어달리기, 씨뿌리기
  ⇒ 그러나 그 앞에 관형어나 부사어가 올 경우에는 붙여 쓰지 않음
- 건전한 노래 부르기, 여름 채소 가꾸기, 좋은 씨 뿌리기

(18) 성과 이름, 성과 호 등은 붙여쓴다. (띄어쓸 경우, 성과 이름 간 균등한 공간을 준다)

- 김유신, 사마광, 선우휘, 이순신, 홍 길 동

(19) 성명 뒤에 붙는 호칭어, 관직명 등은 띄어쓴다.

- 김창호 선생, 안중근 의사, 유관순 양, 강 군, 양 박사님

(20) 성(姓) 뒤에 오는 '씨'와 '가'는 붙여 쓴다. (가계, 집안을 의미)

- 박씨, 최가, 김씨, 이가

(21) 성명 이외의 고유명사는 단어 별로 띄어씀을 원칙으로 하되, 단위별로 붙여쓸 수 있다.

- 한라 대학교 / 한라대학교
  한라 대학교 기초융합 학과/ 한라대학교 기초융합학과

(22) 전문용어는 단어별로 띄어 씀을 원칙으로 하되, 붙여 쓸 수 있다.

- 만성 골수성 백혈병 / 만성골수성백혈병

(23) 동식물명의 분류학상의 단위는 띄어 쓰지 않는다.

- 가문비나무, 푸른누룩곰팡이, 조선호박

(24) 둘 이상의 낱말이 결합하여 한 낱말처럼 익은 것은 붙여 쓴다. (예외적인 예, 외우기)

- 곧이곧대로, 남의집살이, 얽히고설키다. 보잘것없다, 붉으락푸르락, 어안이벙벙하다, 어쩌고저쩌고, 오나가나, 왔다갔다하다, 이러나저러나, 주거나받거나, 쥐죽은듯하다. 너나없이

QUIZ

띄어쓰기

※ 띄어 쓸 곳에 ☑ 표를 하시오. (아라비아 숫자에 (,) 표시할 것)

　　최군은한라대학교교양학과학번201799333이고이름은최인문입니다. 최군의아버지는마을에서최사장이라고불리지만남의집살이를면치못하는철물고물상이십니다. 그의성격은수줍음을잘타서얼굴이잘붉으락푸르락하며또다소곳해서쥐죽은듯조용히삽니다. 그녀는아랫마을사람들과오르락내리락하며니캉내캉잘살았으면하는소박한지방소년입니다. 오징어한축이생기면마을사람들과똑같이나누며오손도손재미있게이야기하며살아가고자하는것이그의인생관입니다. 그의요즈음꿈은10000000원을모아세계여행을하는것입니다. 개꿈은아닐듯하며곧성취할듯싶습니다. 그림엽서에나온대로전갈나무숲을오른편으로하고왼쪽은치솟은짙은하늘빛의이과수폭포를보고싶습니다. 피보다붉은진흙빛의시온캐년을보기위하여우선북미대륙을가보고싶은것이그의계획입니다. 그는아마도나이아가라의치솟는폭포수포말을보기위하여그곳으로뛰어가려할것입니다. 도시화되지않은자연을만끽하고싶은것이그의큰바람인것입니다. 그의계획을보면그의인품은큰인물이될성싶습니다.

2) 정확한 문장 쓰기

(1) 어휘 및 문장의 오류, 바로 잡기

가. 어휘의 오류

맛배기 -	몇일 -	여지껏 -
이쁘다 -	짜집기 -	채이다 -
통털어 -	통째로 -	절대절명 -
풍지박산 -	그제서야 -	쌍까풀 -
늘상 -	되뇌이다 -	마악 -
삼가하다 -	설레이다 -	헤매이다 -
애구 -	에그머니 -	갤갤 -
거무틱틱 -	객적다 -	멋적다 -
닥달하다 -	임마 -	한 웅큼 -
어줍잖다 -	귀걸이 -	을씨년하다 -

나. 문장의 오류, 바로잡기

아래의 문장들은 흔히 쓰기 쉬운 문장 오류의 패턴들을 모아 놓았다. 잘못된 문장들이 오류를 바로 잡고 제대로 익혀서, 정확한 문장쓰기를 완성하도록 하자.

• 그 늙은 관리는 사후 대책까지 마련해 놓을 정도로 영악했다.

• 나는 원래 내가 장래에 되고자 했던 진로와는 무관한 학과에 진학하게 되었다.

• 아무 것도 모른 채 데모 대열에 마구 휩싸여 다녔다. 그렇지만 돌아보건대 나의 세계관을 형성하는 데 많은 영향을 미쳤다.

- 생활비가 없어서 친구 하숙집에 돈을 융통하러 가곤 했는데 마음씨 좋은 충청도 아주머니였다.

- 솔직히 말해서 그는 문학에 관심이 없다. 이것이 그가 자연계에 지망을 하게 된 원인 중 하나이다.

- 잘 될른지 모르지만 한 번 해보겠다.

- 아뢰올 말씀은 다름이 아니라 김씨의 아들 장남 김길동 군과 이모 여사의 장녀 박선녀 양이 여러 친지를 모시고 화촉을 밝히게 되었음을 아뢰는 바입니다.

- 1960년대 이래 한국은 끊임없는 경제성장을 거듭해 온 것은 우리가 인정해야 하는 사실이다.

- 실상 우리가 언론에 대해 특별한 관심을 쏟는 것은 언론이 갖는 이러한 기능 때문이다.

- 영식이의 여름방학 숙제로 제출한 그림

- 유월에 제비가 흥부에게 박씨를 물어다 주었다.

- 제비의 집은 나무의 2.8 ~ 9m 높이에 짓는다.

- 원고지 2 ~ 300매 분량의 글을 쓰시오.

- 이번 여름 홍수의 피해 규모는 16억이다.

• 노조 대표와 사장과의 협상 결과

• 부장은 그에게 지방으로의 전출을 강요했다.

• 나의 지향하는 바를 위해 나아갈 것이다.

• 대학은 현대 교육제도의 최고 학부이며 한라대학교의 교육목표는 한라대학교 학칙 중 총칙 제1조에 다음과 같이 명시되어 있습니다.

• 동아리 활동은 공부에는 큰 도움이 되지 않았고, 동아리 활동을 열심히 못한 점이 후회된다.

• 인간은 자연을 지배하기도 하고, 복종하기도 한다.

- 비판이론은 종전의 보수적인 이론을 비판한 것이라 하여 크게 주목되었을뿐 아니라 반대도 컸다.

- 언론은 사회 각 방면에서 일어나는 사건의 신속한 보도와 공정한 해설을 개진해야 한다.

- 열차가 곧 도착됩니다.

- 고도로 발달된 인류의 문화

- 이렇게 나가는 데야 그녀의 마음도 변해지겠지.

- 이 공장은 그동안 우수한 제품이 많이 만들어지고 수출용 생산공정뿐만 아니라 내수용 생산공정까지 마련되어 가고 있다.

• 싸늘하게 식어진 그의 표정을 생각하면 지금도 아찔하다.

• 이 과제는 쉽게 해결되어지지 않을 것으로 보인다.

• 요즘에 심각하게 읽혀지는 책은 별로 인기가 없다.

• 그 후 각 매스컴에서는 가정교육이 중요한 기초이다라는 것을 지적하기 시작했다.

• 그 여자는 나만 보면 무엇하는 사람이냐고 묻곤 했다.

• 우리나라의 일인당 GDP를 5만불까지 늘여야 한다.

• 우리 차가 어떤 사람에게 부딪혔다.

• 부상의 아픔을 딛고, 그는 결코 시합을 뛰겠다고 다짐하였다.

• 4학년 선배들께서 선생님을 모셔 오시라고 하셔서 제가 대표로 왔습니다.

• 투표 마감 시간이 끝났기 때문에 여론조사 결과를 발표할 수 있습니다

• 요즘 그는 불안하다. 뿐만 아니라 삶의 목표가 서있지 않다.

• 이 시점에서 중요한 것은 통일이 이루어져야 한다.

- 성실한 삶을 인정 받는 사회란 도대체 어떤 사회일까 하는 점에 있다.

- 그는 김갑돌이라는 게으른 농부의 아들이다.

- 그러나 그의 꿈은 너무 야멸차서 섬찍한 느낌이 든다.

- 한 학기를 마무리 하시느라고 구슬땀을 흘리고 계실 교수님게 당부의 말씀을 드립니다.

- 학생들 때문에 교수님께서 정말 수고 많으셨습니다.

- '애정'이라는 말의 의미가 옛날하고는 많이 틀려졌겠지만, 그래도 제자들이 '애정'이라는 말을 쓰면 싫지는 않지요?

- 잠수함 침투 이후 강릉시민들은 김밥을 만드느라고 여념이 없었습니다.

- 주민이 지방자치의 주인으로 행세할 수 있는 길은 정치행정적 의사결정에 참여하는 것일 것입니다.

- 이것은 글이요, 저것은 그림이요, 그것은 서예작품이요.

- 내 동생은 나보다 몇 발자국 앞서서 걸어가고 있었다.

- 냉정하게 전력을 평가해 봐도 한국이 자력으로 16강 티켓 가능성은 높은 편이다.

- 이 산성은 자연석을 난층쌓기로 축성하였다.

• 어릴 때의 소박한 꿈은 교단에서 강의를 하고 싶었다.

• 나는 너무 쉽게 안주하지 않았나 하는 생각이 지금의 시점에서 아쉽다.

• 아내가 두 달 동안 출산 휴가가 끝나고 출근을 해야할 시기가 되었다.

• 한 여름에 우는 매미 소리는 도시에서 듣는 것과 한적한 시골에서 듣는 것을 다르다.

• 교회 집사님이신 아주머니에게 아들의 낮 동안의 양육을 맡겼다.

• 선생님, 집이 크시네요

- 교장선생님의 말씀이 계시겠습니다.

- 아버지께서 텔레비전을 보시고 계신다.

- 나는 약 보름 가량 제주도에 가 있었다.

- 영화감독의 대략 절반쯤은 백수다.

- 이번에 수상하신 수상자분들게 진심으로 특별히 축하를 드립니다.

- 기네스북 경기를 행사하려 하는데 미진한 참가로 인해 어려움을 겪고 있사오니 아래를
  보시고 참가 신청을 해 주십시오.

- 몇몇 의원들은 근거 없는 낭설에 시달려야 했다

- 이 부분은 이 글의 서두로서 필자의 개성이 가장 잘 압축되어 있는 부분이다.

- 원시시대부터 인간은 끊임없는 발전을 거듭해 온 것은 우리가 인정해야 하는 사실이다.

- 역전 앞에서 만나도록 합시다.

- 실내 안의 공기를 환기합시다.

- 그의 출생지가 확인되므로써 많은 의문이 풀리기 시작했다.

• 교양인으로써의 새로운 각오를 다졌다.

• 주가가 하락세로 치닫자 객장에는 시위하는 고객들이 생기기 시작하였다.

2. 새로운 글, 창의적인 발상법

1) 창의적인 아이디어는 많은 생각에서 나온다.

21세기 대학교육의 목표는 창의적 인재의 상상력 확대, 원활한 의사소통, 첨단기술 융합 능력, 글로벌한 경쟁력을 갖춘 인재 양성에 있다.

창의성과 상상력은 타고 나는 것일까? 아니면 교육이나 노력을 통해 키울 수 있는 것일까? 정답부터 말하자면 타고난 창의성과 상상력은 거의 없다고 하겠다. 왜냐하면 사람이 생각하지 않는 한, 호기심을 갖고 사안, 사건을 들여다 보지 않는 한 창의성과 상상력은 발휘되지 않기 때문이다.

그렇다면 창의적 아이디어와 상상력은 어떻게 키울 수 있을까?

창의적 발상은 한 가지 사안에 대해서 호기심을 가지고 열 가지, 백 가지 다른 생각을 하는데서 온다. 이것과 저것을 결합시켜 보고, 기존의 것을 뒤집어 보거나, 과거와 미래에서 아님 안에서 혹은 밖에서 보는 데서 즉 다양한 관점, 층위에서 생각해 보는 데서 온다. 즉 상식과 보편적 시선에 머무르지 않고, 색다르게 계속해서 상상하는 데서, 상상력은 무한으로 펼쳐진다. 대통령의 대필 행정관은 '글은 엉덩이력'에서 나온다는 말을 한 적이 있다. 그리고 자기는 상상력이나 창의성을 갖지 않았다고 고백했다. 자신의 글은 오래 앉아서 이 생각, 저 생각, 이 방향, 저 방향으로 온갖 생각을 다하고 나서야 나온다고 한다. '엉덩이력', 분명

고상하지 않은 말이나, 실체를, 진실을 말하고 있다고 보인다. 이는 글을 오랫동안 써본 사람의 통찰에서 나온 말로, 이는 이론보다는 오랜 경험에서 나온 말이라 하겠다.

창의력은 어떤 사안에 대한 다양한 생각을 통해 발휘된다. 오랫동안 그것에 대해 넓게 생각한다면 생각의 깊이를 더하는 것이고, 이는 그 사안의 실체와 본질에 다가가게 해준다. 쉬운 예로 한 가지에 대해 100가지 방향에서 생각한다면 즉 넓게 생각한다면, 그 사안에 대해서 누구보다 깊게 생각했다 할 것이다. 여기서부터 남들이 생각하지 못하거나 말하지 못한 것들을 찾아낼 수 있고, 새로운 것들에 대해서 말할 수 있게 된다.

그리고 이러한 넓이와 깊이의 사고(思考)가 사안 및 대상의 본질에 다가가는 방법이다. 본질을 놓친 상상력은 아무리 창의적이라 해도 허상이나 허위를 구가(求暇)할 뿐이다.

간혹 완전히 새로운 생각을 하는 아이슈타인 같은 천재들을 일컬어 우리는 새로운 파라다임의 창시자라고 일컫는다. 즉 그의 상대성 이론은 절대적인 세계관, 신의 창조론을 뒤집는 발상을 보였는데, 이는 인류에게 세계를 상대적으로 파악하게 하는 인식의 변화를 가져왔다. 이후 사회, 문화, 예술, 철학 및 인류는 상대적 인식을 가질 수 있었다. 이렇듯 완전히 새로운 발상이란 우주물리론과 맞물려야 하는 만큼, 완전히 새로운 발상이란 일반인에게는 허용되지 않는 범위에 속한다. 즉 일반인은 자신이 배워온 지식과 관념을 기반으로 생각하기 시작하는 것이다.

그렇다면 일반인은 보다 새로운 아이디어를 내고 창조적인 발상을 하기 위해서는, 어떠한 방법을 써야할까? 자신이 처한 인식의 한계 내에서라도, 우리는 새로운 발상, 창의적인 아이디어를 발휘할 수 있다.

한 가지 사안에 대해서 뒤집어 보고, 거꾸로 보면서, 또 한 층위 위에서, 아니면 깊숙한 속에서 보면서 여태까지 말해지지 않은 지점에서 세상을 바라보는 것이 새로운 발상을 가능케 한다. 또 다양한 견해나 이질적인 아이디어들을 변형하고 접목하면서도 새로운 발상들을 도출할 수 있다. 여러 가지들을 더해보고, 기존의 것에서 빼보고, 다양한 층위의 것들을 결합해 보면서, 남들과 다르게 세상을 보고, 자기의 생각하는 방식을 바꿔보는 것이다.

여기서 이러한 작업을 가능케 하는 것은 메모나 적기, "글쓰기"라는 점을 주목할 수 있겠다. 성공한 위인들의 공통 특징을 찾는 책들에서 '메모하는 습관'이 늘 공통분모로 꼽힌다는 점을 환기해 볼 수 있다. 원하는 것, 필요한 것, 문득 떠오르는 아이디어 등을 기록함으로써, 이것을 기반으로 또 다른 것, 새로운 것을 향해 생각을 진전시킬 수 있는 것이다. 글로 적어

놓아야 이 기록물(메모, 일기, 계획서)을 중심으로 또 다른 발상이 가능하고, 그 아이디어의 필요성, 실현가능성이 궁리되며, 이를 실현시키고자 하는 집중력이 발휘되는 것이다. 아이디어만 있고, 실현되지 않는다면, 그것은 상상에 그치고 마는 것이다. 예로 사업체의 경우, 생산하는 과정, 생산 결과물 등 다양한 것들을 기록하고, 그것의 장·단점과 특성을 정리하며, 그에 관한 여러 결론들을 종합하여 정리 기록하여야만, 이것을 바탕으로 꼭 필요한 물건이나 보다 새로운 물건들에 대한 상상력을 도모할 수 있는 것이다.

글쓰기는 모든 일(사업)이 계획대로 진행되게 하고, 사후 평가도 가능케 하고, 문서로 작성된 평가를 다시 일에 반영함으로써 모든 일이 개선되어 나갈 수 있게 하는 중추적 기능을 담당한다. 쉬운 예로 학생들이 적혀진 시간표에 따라 수업을 하고 자기 관리를 하듯이 모든 일의 진행과정은 적어 놓은 글로 진행되고 평가된다. 다른 예로 구성원이 함께 작업을 할 경우, 일의 과정이나 경과, 처리상황, 구성원 간의 유기성, 부족한 여건 등등이 문서로 '기록'되어야, 이를 기반으로 전체가 유기적으로 작업 진행을 할 수 있게 된다. 이렇게 해야만 작업은 단계적으로, 체계적으로, 유기적으로, 빠짐없이 (기록된 서류나 글을 통해) 진행된다는 점에서 글쓰기는 한 인생이나 세계를 꾸려가는 데 있어서 나침반의 역할을 한다고 하겠다.

글쓰기는 일의 계획, 일의 진행, 일이 끝난 후 기록물(각종 문서)이라는 성과를 우리에게 가져다 준다. 사람들이 창의적인 생각을 하던, 무한한 상상력을 발휘하던 그것이 세상에 출현하기 위해선 반드시 글로 기록되어야 하고, 타인과 사회에 유용한 것이 되기 위해서는 더더욱 글로 기록되어야 하는 것이다. 만약에 새로운 아이디어던 무한한 상상력이던 간에, 이것들이 글로 기록, 기획, 정리되어 남에게 혹은 나의 손에 쥐어지지 않는다면 창의적인 발상과 새로운 아이디어들은 순간 반짝 빛날 뿐, 세상에 출현할 수가 없는 것이다.

그렇다면 이제 창의적인 발상을 가능케 하는 방법은 무엇이 있을까? 생각해 보자. 비전코리아추진위원회와 매일경제신문사에서 공동주최한 〈비전코리아 국민제안대전〉에서 이경열 제안자는 '벤치마킹을 통한 아이디어 발상 실전 프로그램'으로 우수상을 받았다. 이후 이 프로그램을 고등학생, 대학생, 직장인 등 100여명에게 적용해 보도록 했더니, 그 결과 각자 10여 개에서 100여 개의 아이디어를 발굴했다고 한다. 여기서 제안된 창의적인 아이디어 발상 방법은, 우리가 알고 있는 생각이나 사물에 7개의 방법, 즉 더하기·빼기·바꾸기·축소·확대·거꾸로·모방 등을 가감(加減)한다는 것이다.

창의적인 아이디어를 위해 '더하기'를 응용한다는 것은, 아이디어＋아이디어, 물건＋물건, 기능＋기능, 산업＋산업, 기술＋기술, 서비스＋서비스 등을 더하여 새로운 물건이나 사업을 만드는 방법이다. 이외에도 기능＋기술, 물건＋아이디어, 산업＋서비스 등등의 종류와 층위를 달리해 더하기로 연계시키면 새로운 아이디어, 물건, 기술, 산업들을 발상할 수 있게 된다.

    예) 〈물건＋물건, 물건＋기능〉
        안경＋빛을 가릴 수 있는 썬팅 = 썬글라스 탄생
        프린터＋복사기＋스캔 = 복합기
        시계＋달력＋일정표 = 일정표 앱
    〈물건＋IT산업＋서비스〉
        상품＋온라인＋택배 = 온라인 쇼핑
        여행안내＋렌트카＋숙박 ＋앱주문 = 여행 애플리케이션
        식품＋요리 서비스＋온라인＋택배 서비스 = 반조리, 조리 배달 식품

〈새로운 아이디어〉
    물건＋물건－①_____
            ②_____
    물건＋서비스 혹은 산업－①_____
    서비스＋산업 등－②_____

요즘은 과소비시대로 많은 물건이 쌓여 오히려 생활공간이 좁아지자 생활의 슬림화를 추구하는 시대가 되었다. 또 엄청난 양의 정보홍수 시대에 정보의 간결화, 핵심화가 추구된다.
    빼기를 함으로써 새롭게 등장한 상품이나 생활방식, 기술, 산업, 아이디어의 예를 생각해보자.
    물건을 버리지 못하여 쌓아두는 사람들을 위해, 전문적으로 짐을 정리해 주는 전문 청소업체나 생활사라는 서비스 업종도 생겨났다.

열두 속곳치마−속곳치마 = 현대 한복

전기면도기−전기코드 = 무선 면도기

전기드라이어−전기코드 = 여행용 드라이어

카메라−필름 = 디지털 카메라

콜라−당분 = 다이어트 콜라

수박−씨 = 씨없는 수박

〈빼기를 응용한, 새로운 아이디어〉

① _____

② _____

③ _____

〈작문 연습〉

위의 예문의 더하기, 빼기로 새로운 개발상품, 아이디어가 나온 것처럼, 다음 창의적 발상으로 새로운 아이디어 개발에 이른 기존 사례들 2가지와 새로운 아이디어를 창안해 보자.

1) 바꾸기

〈창의적 개발의 사례〉

① _____

② _____

〈나만의 새로운 아이디어〉

① _____

② _____

2) 확대

〈창의적 개발의 사례〉

① _____

② _____

〈나만의 새로운 아이디어〉

　① _____

　② _____

3) 축소

〈창의적 개발의 사례〉

　① _____

　② _____

〈나만의 새로운 아이디어〉

　① _____

　② _____

4) 전도 (뒤집기)

〈창의적 개발의 사례〉

　① _____

　② _____

〈나만의 새로운 아이디어〉

　① _____

　② _____

5) 모방

〈창의적 개발의 사례〉

　① _____

　② _____

〈나만의 새로운 아이디어〉

　　① _____

　　② _____

2) 무한한 상상력, 열린 발상

새롭고 창의적인 아이디어는 적어도 상식적이거나 진부한 발상에서 나오지 않는다는 점을 유추할 수 있다. 창의성이란 기존에 익숙했던 것이 아니라는 점에서, 아이디어를 발견하기 위해서는 더하기, 빼기, 뒤집기, 빼기 방식말고도, 우리의 시선을 새로운 영역 혹은 신비롭거나 예상치 못했던 영역으로 넓혀야 한다. 소위 무한한 상상력이 펼쳐지는 곳인데, 무한이라는 말처럼, 새로운 인식과 상상의 공간은 경색된 현실과는 달리 그 한계가 없다. 그곳은 합리적이거나 이성적인 인식방식으로는 도달하지 못할 곳들도 포함된다.

상상력을 넓히기 위해선 우리의 인식이 현실에 매어서도 안되며, 보편적이거나 상식적인 방식들을 벗어나야 한다. 세상을 처음 알아가는 아이와 같은 순진무구한 눈으로, 나만의 체험으로, 우주와 자연 모두와 교감하는 열린 마음으로, 비이성적이거나 비합리적인 영역 혹은 초현실적인 영역들에도 우리의 상상력을 넓혀야 한다.

누구나 알고 있는 것은 이미 상식이고 지식이며, 더 이상 사람들의 관심과 시선을 끌지 못한다. 따라서 창의성을 발휘하기 위해서는 세상을 보는 관점과 시선을 기존의 것과 달리해야 할 것이다. 이것을 형식주의자들은 '낯설게 하기'라고 지칭하였다. 구르는 돌에서 '함묵하는 돌', '온몸으로 뒹구는 존재'를 보는 것은 사물과 대상을 낯설게 봄으로써 새로운 표현이 가능해진 것이다.

보편·합리·이성적인 인식을 떠나, 무한한 상상력을 넓히는 훈련을 해보자.

(1) 코끼리를 냉장고에 넣는 방법?

　• 냉장고 문을 연다, 코끼리를 넣는다, 냉장고 문을 닫는다.
　• 냉장고를 고무(탄성좋은 우레탄)로 만들어 코끼리를 넣는다.

이 문제와 해답은 이성적이거나 합리적인 인식의 영역을 빗겨나 있다. 상식을 벗어나 무한한 상상력을 동원해야 답을 찾을 수 있다. 창의적으로 발상하기 위해선 기존 지식과 상식에서 과감히 벗어나는 훈련이 요구된다.

전공별 특성에 따라 다음과 같은 상상력을 발휘할 수 있을 것이다.

- 사회학과 생 : 코끼리를 냉장고에 넣기 위해 사회적 관계망, 인맥부터 찾아본다.
- 북한대학 생 : 솔방울로 수류탄을 만드신, 수령님의 령도력으로 냉장고에 넣는다.
- 토목과 생 : 냉장고와 코끼리의 치수를 측량해, 그에 맞는 냉장고를 제작한다.
- 종교학과 생 : 전지전능한 신에게 기도해, 냉장고에 넣을 방법을 신탁 받는다.
- 정치학과 생 : 데모와 시위를 계속해, 코끼리가 시끄러워 냉장고 속에 들어가게 한다.
- 요리학과 생 : 깍두기처럼 썰어 넣거나, 가루로 분쇄해서 냉장고에 넣는다.
- 의학과 생 : 경락과 지압, 지방제거시술로 코끼리를 작게 만들어 넣는다.
- 체육과 생 : 코끼리를 운동시켜 슬림하게 만든 뒤, 냉장고에 넣는다.
- 경영과 생 : 코끼리를 팔아, 주식을 사서 그것을 냉장고에 넣는다.

코끼리를 냉장고에 넣을 나의 아이디어는?

① _____

② _____

③ _____

---

(2) 르네 마그리트의 파이프

그림 아래 "이것은 파이프가 아니다"라고 적어 놓았다. 무슨 이유일까?

이에 대한 자신만의 해석을 적어보자.

Ceci n'est pas une pipe.
이것은 파이프가 아니다

이 그림에 대한 일반적인 해석을 찾아보자.

_____

_____

_____

_____

사유하는 단계에선 자신이 그림에서 받은 인상을 중시하고, 그 다음 다른 이의 지식을 참고하는 방법이 자신만의 〈창의적인 사고〉를 전개시키는 방법이다.

(3) 달마가 동쪽으로 간 까닭은?

1980년대 '달마가 동쪽으로 간 까닭은?'이란 우리 영화가 세계영화제에서 큰 수상을 한 적이 있었다.

달마는 인도(천축)에서 동쪽인 중국으로 가, 불교를 전파한 고승이다. 중국의 혜능선사를 9년 면벽 끝에 찾아냈으며, 그를 종문으로 내세워 대승불교를 중국에 전파하였다. 대승불교의 자비심으로 더 많은 중생을 불법으로 구제하고자 그는 동쪽으로 간 것이다('서방정토'니, '서역', '서쪽 하늘' 등 서쪽을 부처님이 계신 정토(淨土)로 부르는데, 달마는 동쪽으로 간 것이다).

• 심리학과 생 : 서쪽으로 가겠다는 무의식의 왜곡된 행동이었다.
• 역사학과 생 : 실크로드를 따라 동쪽으로 간 것이었다.
• 철학과 생 : 주역의 점괘를 따라 길방인 동쪽으로 향했다.
• 의학과 생 : 해탈에 이르기 위해선 몸이 좋아야 해서, 동방에 고려인삼을 찾으러 간 것이다.
• 지리학과 생 : 지구가 서쪽에서 동쪽으로 자전하기에, 일출을 향해 간 것이다.
• 인류학과 생 : 인더스 문명에 살다가 황하문명에 관심을 가져 동쪽으로 간 것이다.

그렇다면 나의 상상력은?

① _____

② _____

3) 무한 상상력

앞서 넌센스 퀴즈로 상상력을 자유롭게, 유연하게 펼치는 연습을 하였다. 글을 쓸 때, 상식에 갇히거나 논리를 따르다 보면, 상상력은 그 영역이 무한대로 커질 수가 없다. 따라서 창의적 아이디어나 발상이 막힐 때는, 이상(以上)과 같이 소위 '말도 안되는' 무한한 상상력을 발휘하며 경색된 현실을 뚫거나, 발상을 달리 해 그 문제에서 벗어나는 방식을 취해 보도록 한다.

창의성을 발휘하기 위해선, 그 문제에 깊이 천착하다가도 속을 뒤집어 보거나, 거꾸로 보거나, 말도 안되는 상상의 나래를 펼쳐보며 새로운 생각을 해내는 것이 중요하다. 상식과 지식, 편견에 얽매이지 않는 것이 무한한 상상력을 발휘하는 방법 중에 하나이다.

(1) 자유 연상법

제목이나 주제에 상관없이, 우선 머리 속에 떠오르는 것을 적어보는 방법인데, 이는 생각하는 힘의 넓이와 깊이를 확인하게 해준다.

이는 '무엇을 써야할지 모를 때', '어디서부터 글을 시작해야 할지 모를 때' 사용하는 방법이다. 글 기획의 초기 발상단계로 글을, 순간 중요하게 떠오르는 아이디어나 무의식적으로 떠오르는 단어들을 적어보는 방법이다.

- **방법** : 머릿 속에 떠오르는 낱말들을 적는다. 그 낱말과 연상되는 말을 계속해서 적어간다. 연상이 끝나면 빗금(/) 긋고, 다음 또 떠오는 낱말을 적고 연상법으로 낱말들을 열거한다. 쉬지 말고 3분 동안 적는다. 다 썼으면 낱말의 수와 빗금을 수를 적는다. 이는 자신의 생각하는 힘과 사고의 깊이, 넓이, 특성을 가늠해 줄 것이다.

① 양치기, 양, 목동, 피리/ 불꽃, 산불, 붉은 색, 화재/ 문, 대문, 현관, 마루/ 졸음, 하품, 잠, 몽롱함/ 컴퓨터, 모니터, 온라인뉴스, 스피커/ 휴지, 형체, 흰색, 빨강색/ 병아리, 아장아장, 윌리엄, 귀여움, 사진/ 책상, 의자, 회전의자, 양반다리/ 여행, 피곤, 하늘, 향수

② 방학, 여름, 덥다, 얼음, 편의점, 냉커피, 커피향, 식욕, 스팸, 쌀밥, 누룽지, 구수함, 시골농부, 수박서리, 수박씨, 오서방, 개그맨, 뚱뗑이, 복싱, 다이어트/ 과자, 크림, 샌크림, 호두파이, 백화점, 어두운 조명, 어둠, 느와르영화, 한국느와르 영화, 조폭, 부술/ 장마, 우산, 크림트, 노랑색, 티셔츠, 바지, 청바지, 구멍, 수비구멍, 농구, 공공의 적, 분노/ 목걸이, 진주, 핑크진주, 핑크 다이아, 반지, 반지의 제왕, 스미골, 골룸, 이중인격, 심리학

③ 저녁, 식사, 노을, 학교 뒷마당, 가을, 단풍, 담쟁이덩굴, 기어오르다, 수염, 할아버지, 노안, 블루베리, 안토시아닌, 안경, 썬글라스/ 원주, 학교, 친구, 가볍다, 회의, 외로움, 영화, 수상작, 즐거움, 시간때우기, 낮잠/ 떡볶이, 고추장, 오뎅, 국물, 들깨버섯 삼계탕, 배부름, 건강식, 운동, 슈퍼맨, 파랑망토, 스판바지, 팬티, 빨래, 위생, 청결

〈보기〉처럼 3분 동안 떠오른 단어를 가지고 연상하여 단어들을 나열하고, 끝나면 낱말 수와 빗금의 수를 적어보자.

_____

_____

_____

_____

_____

_____

_____

(2) 낱말 제시 연상

주어진 낱말을 가지고 연상되는 낱말들을 적어보는 방법이다. 과제나 업무가 주어졌을 경우, 즉 주제가 주어졌을 경우 주제어와 연관된 낱말들을 열거하는 방법은 글을 짓는 기본적인 방법이다.

학생들의 경우 글을 써야할 경우, 무엇을 써야할지 모르는 경우가 많다. 그럴 때에는 낱말 제시 연상법을 동원해, 주제어에서 파생되는 연상 낱말을 적어가며 생각을 정리하고 글을 전개하면 된다. 처음 주제어만 보고 글을 쓰려면 막막하지만, 주제어와 연상된 낱말들을 메모하다 보면 글을 어떻게 전개할지, 글의 내용에 대해 다양한 발상이 떠오를 것이다.

보기

청춘

① 20대, 뽀송, 뺨, 눈물/ 피, 땀, 눈물, 안경, 꼰대/ 푸른색, 청운의 꿈, 꿈책, 귀신꿈꿔떠, 혀짧은 말, 주먹, 눈흘김/ 친구, 결별, 이별, 후한, 추억, 모자름, 어린 시절, 사춘기, 눈물/아프다, 병, 병원, 주사, 간호사, 야근, 야식/ 성년식, 장미꽃, 꽃바구니, 꽃말, 향기, 열매, 껍질, 쓰레기, 분리수거, 음식물쓰레기, 기레기, 오보, 언론탄압

② 미팅, 영화, 식사, 폭탄, 수류탄, 군대, 훈련, 화생방, 독가스, 세수, 비누, 샴푸, 헤어팩, 수건, 건조, 건조기, 세탁기, 회전, 말리기, 때리기, 다듬이돌, 다듬질, 이불보, 배갯잎, 꽃자수

연습

주어진 단어를 시작으로 연상하여 단어를 나열하시오. 3분 동안 연상하여, 연상이 끝나면 빗금(/)으로 매듭하고 다시 주어진 단어로 연상하시오.

① 신비

_____

_____

_____

_____

_____

② 만남

_____

_____

_____

③ 시선(視線)

_____

_____

_____

④ 연습문제 풀이를 통해 자신의 성향과 특징, 사고의 방향, 관심사 등을 분석해 보자.

_____

_____

_____

(3) 상황 연상법

다음은 문장 차원의 연상 훈련을 해보자. 3분 동안 서술어를 고정하고, 그 서술어에 맞는 상황을 연출해 보자.

~ 설레이다.

그 사람의 따뜻한 눈길에 괜시레 <u>설레였다</u>.
내 작품이 제일 우수하다는 평가에, 수상할 수도 있다는 기대로 마음이 <u>설레였다</u>.
멋있는 이성이 수트를 쫙 빼입은 뒷모습에 <u>설레였다</u>.
취업소식을 오랫동안 기다렸는데, 통지이메일이 와서 가슴이 두근두근하며 <u>설레였다</u>.
세계 최고 미남가수를 볼 수 있다는 사실에, 공연장 가는 날 아침부터 매우 설레였다.

① '~ 황당하다'의 상황을 글쓰기

	황당하다.
	황당하다.
	황당하다.
	황당하다.
	황당하다.

② '~ 잊고 싶다'의 상황을 글쓰기

	잊고 싶다.
	잊고 싶다.
	잊고 싶다.
	잊고 싶다.
	잊고 싶다.

(4) 브레인 스토밍 훈련

브레인 스토밍은 '머리에 폭풍이 인다'는 뜻으로 기존의 상식과 틀에서 벗어나 의식과 무의식을 망라하여 자유롭게 떠오르는 대로 생각하는 발상법이다. 브레인 스토밍 작업은 고정관념과 기존의 사고 틀에서 벗어나 창의적인 아이디어를 기록하고 정리하기 위한 도상(圖上)적 발상법으로, 창의적 발상을 위해 가장 많이 쓰이는 방법이다.

기업이나 조직에서도 많이 활용하는 방법으로, 개인적으로도 효과적인 연상방법이다. 기업에서는 팀원들이 어떤 사안(사업)에 대해서 자유롭게 또 다양하게 접근하기 위하여, 사안에 대해 발상할 수 있는 모든 아이디어를 도출하는 단계에서 많이 쓰인다.

〈브레인 스토밍의 규칙〉

① 실현가능성이 없는 아이디어라도 배제하지 말고 적어 놓는다. 떠오르는 아이디어가 이성적이거나 합리적인 발상이 아니어도 적어놓고, 절대 지우지 않는다. 브레인 스토밍이 기존의 틀에서 벗어나고자 하는 발상법이기에, 그저 본능적으로 떠오르는 모든 아이디어를 적는다. 참신함에 이르는 방법이 될   것이다.

② 그 생각, 아이디어가 어떠한 것이라도 절대로 평가해서는 안된다. 그 대신 그 아이디어를 가능한 것으로 변형, 발전시켜라.

③ 형식을 무시해도 좋다. 문법이나 문장 오류여도 괜찮다. 문장을 쓰는 단계가 아니라, 무한한 상상력을 끌어내는 단계이다.

④ 브레인 스토밍을 해서 기록해 놓은, 모든 것들을 글 내용으로 쓰는 것이 아니다. 여기서 몇 가지를 선별해서 글을 쓰는 것이기에, 발상 단계에서는 모든 형식과 틀에서 벗어나 자유롭게 생각한다.

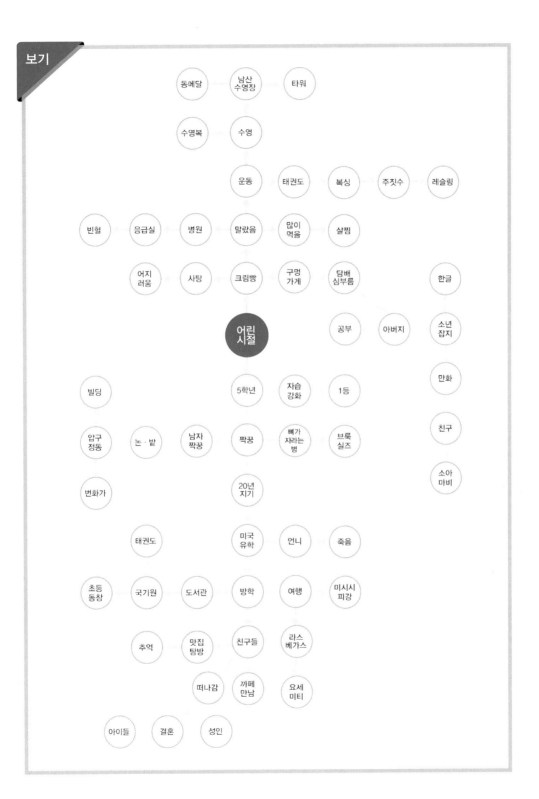

앞의 〈그림 보기〉를 참고하여, 다음 제목을 가운데 두고 3분 동안 브레인 스토밍 그림을 그려보자.

① 그 사람

그 사람

② 인생 계획

브레인 스토밍 – 좋아하는 이성에게 말 걸기, 접근하기

- 지나가는 척하고 얼굴 마주치기, 얼굴을 알리고, 나를 알린다.
- '몇 시냐?'고 물으며, 다음 대화를 유도한다.
- '첫 눈에 반했다'고 말한다.
- 같은 수업을 수강하여, 주변에 앉는다. 기회를 엿본다.
- 그녀(그)의 집 근처에 자취방을 구해서, 매일 마주친다.
- 차비가 없다고 돈을 꾸고, 약속을 잡는다.
- 그(그녀)의 SNS 아이디를 알아내, 추천을 많이 날린다.
- 그(그녀)의 친구들에게 접근해, 그의 전화번호를 알아낸다.
- 핸드폰을 훔친다. 정보를 알아내고, 주웠다며 돌려준다.
- 친구를 시켜 그를 위기에 빠뜨리고, 영웅적으로 그(그녀) 앞에 해결사로 등장한다.
- 그(그녀)가 다니는 동아리, 교회, 헬쓰클럽, 봉사단체 등을 알아내 가입한다.
- 숙제를 물어보는 등 작은 부탁을 자주 하고, 나중에 밥사준다고 한다.
- 어차피 나는 떨려서 말을 못건다. 포기하는 게 낫다.
- 연애 전문가를 찾아가 접근방법을 상세하게 배운다.
- B+이상의 이성은 어떻게 하든지 안된다. 이성이 결정하기 때문이다. 포기하라.
- 그(그녀)의 옆자리에 앉아서 노트 필기를 열심히 해서 내 노트를 빌려가게 한다.
- 이성의 친구를 통해, 자주 내가 그에게 관심이 있다는 분위기를 피운다. 자기들끼리 내 말을 할 것이다.
- 항상 접근해서 자연스러운 터치를 쌓은 후, 통성명을 한다.

위의 〈보기〉처럼, '이성에게 고백하는 방법'에 대해 다양한 아이디어를 내보자.

(5) 문장 단위의 연상법 – 작문(作文)

글을 쓴다는 것은 일정분량의 문장이 앞뒤 맥락에 맞게 연결하는 작업이다. 옷을 만드는 천이 씨실과 날씰이 엇물리며 직조한 것을 텍스쳐(texture)라 하듯이, 텍스트는 일정의 사건을 중심으로 문장들을 씨실, 날씰처럼 서로 유기적을 엮는 것을 일컫는다.

사건(주제)이 제시됐을 때, 그 전후의 맥락을 고려하여 일련의 상황이나 행위, 심리, 주변 등을 연계하여 텍스트를 만드는 것을 글이라 할 수 있다. 이런 문맥(context)이 동원되지 않으면, 스토리가 구성되지 않는다. 그냥 시험 정답지처럼, 각 문장이 개별적으로 쓰여진다면 그것을 작문(作文)이라 할 수 없다. 학생들의 글의 경우 답문지처럼 결정문으로 글을 채우는 경우가 많은데, 이는 답안지이지, 작문(作文- 글을 지은다)이라고 할 수 없다. 소설이나 수필 등의 창작서사는 물론이고 논설문이나 연설문, 설명문이라도 문장의 앞뒤에 연관성과 유기성 등이 동반되는 텍스트를 구성해야 한다는 점을 명심해야 한다. 어떤 종류의 글이라도 스토리텔링을 기반으로 텍스트를 구성해야 한다는 점을 기억해야 한다.

보기

오해하기

① 그녀는 내게 화를 내고 있는 지도 모른다. - 아무 대답도, 말도 없이 가만히 앉아만 있었다. - 나는 무슨 말을 해야할 지 몰랐다. - 그 때 웨이터가 우리 테이블 근처를 어슬렁 거린다는 것을 깨달았다. - 하기사 2시간 째 차 한잔 시켜놓고, 자리만 지키고 있는 우리가 반갑지 않을 꺼라는 걸 그 때서야 깨달았다. - 나는 이 어색한 분위기를 깨기 위해서라도, 음식이라도 시켜야겠다고 생각했다. - 나는 그녀에게 "뭐라도 좀 먹을까?"라고 말을 건넸다. - 그러나 그녀는 여전히 아무 말도 하지 않았다. - 우리의 공간은 깊은 동굴의 차갑고 어두운 바람으로 휩싸인 듯했다. - 길게 한숨을 쉬며 허공을 봤을 때 시계는 4시를 가리키고 있었다. - 아직 저녁을 먹기에는 시간이 애매하기도 했다. - 나는 이윽고 답답한 마음이 들어 '이 자리를 뜰까?'하는 생각을 하기 시작했다. - 그러나 섣불리 자리를 떳다간, 그 길로 그녀와 헤어질 수도 있다는 생각에 나는 이러지도저러지도 못했다. - 그녀는 무슨 생각을 하고 있는 걸까? - 이 침묵은 나를 훈계하는 분위기를 조성함인가? - 아니면 그녀가 나와의 추억을 하나하나 반추하고, 정리하고 있는 걸까? - 오랫동안 고집스럽게 침묵을 하고 있는 그녀를 멍하니 보고 있을 수 밖에 없었다. - 그 때 갑자기 한 대 얻어맞은 듯한 느낌이 들며 소름이 끼쳐왔다. - 내가 그녀의 컴퓨터를 열어본 것을 그녀는 알고 있는 것일까? - 컴퓨터에 기록돼 있던, 그녀 회사의 〈구조조정안〉에 그녀도 포함되었던 것일까?

※ 위의 〈보기〉의 글처럼, 다음 사건에 연계되는 일련의 문맥을 연상하여, 텍스트를 구성해 보자.

① 첫 눈에 반함

_____

_____

_____

_____

_____

_____

_____

_____

_____

② 이성과의 데이트

_____

_____

_____

_____

_____

_____

_____

_____

_____

(6) 자유작문 연습

이상의 작문 연습 과정을 거치며 자신도 새로운 아이디어를 낼 수 있고, 그것을 문장으로 만들 수 있고, 여러 가지 생각들을 글로 구성할 수 있다는 자신을 얻었을 것이다. 이제 발상법과 연상법 등을 동원하며, 단락차원을 넘어 글의 차원으로 작문을 하도록 하자.

이 연습은 주어진 단어나 주제를 중심으로 1분, 3분, 5분 쓰기 등 시간을 늘려가면서 사고력과 표현력, 작문력을 늘여가는 훈련방법이다. 정해진 시간 동안 자신의 글을 계속해서 써보는 것이 자유작문 연습이다.

자유작문 연습의 목적은 글쓰기에 대한 주저함이나 자신감 부족에서 벗어나, 자유롭게 자기 생각을 글로 표현하는 것을 유도하는데 있다. 그러므로 이제껏 연습해 온 대로, 거리낌 없이 자연스럽게 자신의 생각을 글로 써보는 연습을 해보자.

보기

유투브

① 유투브 방송은 쌍방향 방송이 된다는 점에서 젊은이를 위주로 유행이 시작되었다. 그러나 이제는 아이, 젊은이, 어른, 노인할 것 없이 자기가 보고 싶은 정보와 뉴스를 찾아보는 수준에까지 이르렀다. 유투브 방송은 전 세계의 일반인이 정보제공자, 뉴스제공자와 각종 콘텐츠 제공자로 등장한다는 점에서 유투브에 실린 콘텐츠의 수는 그야말로 기하급수적으로 늘어, 이제 현대인의 온라인 도서관의 역할도 하게 되었다. 영어배우기나 각 나라 문화 알기, 국제정치, 국제경제는 물론 운동하는 방법, 피부관리나 화장법까지 온 영역을 망라하여 정보를 제공하는 매체가 되었다. 실례로, 유투브만 보다가 4개, 5개 외국어를 원어민처럼 사용하는 아이들도 생겨났다.

또 권력의 성향에 따라 공적인 뉴스에 권력이 지양하는 정보가 나오지 않을 경우, 유투브를 통해 자국의 언론에 나오지 않는 소식을 접할 수도 있게 되었다. 따라서 지식과 정보는 권력층의 수중에서 벗어나 대중에게 제공되는 시대를 열게 되었다. 지식과 정보의 편중화가 해소되는데에 있어, 역대 유투브만큼 큰 공헌을 한 매체도 드물다 하겠다.

이렇듯 유투브는 권력자나 독재자가 모든 정보를 틀어막고 관련한 지식을 차단하는 것에 반하여, 이와 같은 권력자의 횡포와 억압도 전 세계인에게 수시로 알림으로써 지식, 정보 제공, 취득의 평등화를 실현해 온, 민주적인 매체라고 하겠다. 실제의 예로, 근자에 어느 유투버가 권력 실세를 공격하는 동영상을 업로드하자 권력지배층이 그의 계정을 파괴해 버린 일도 있는데, 그 유투버는 구독자와 전세계 유투버들에게 권력의 폭압성, 비민주성을 다시 폭로하였다. 결과적으로 권력자의 횡포, 언론에 대한 탄압으로부터 자기 자신과 표현의 자유를 지켜낼 수 있었다.

위의 보기처럼, 다음 제재로 5분 동안, 글을 지어보도록 하자.

① 인터넷

_____

_____

_____

_____

_____

_____

_____

_____

② 화(성냄)

_____

_____

_____

_____

_____

_____

_____

_____

1. 경색정국에 대화의 물꼬를 튼 장본인은 김길동 대표였다.

2. 인화물질 휴대 여부를 점검합니다.

3. 더러움이 잘 지워집니다.

4. 닉 프라이스도 함께 서울에 오는 방안을 추진 중이다.

5. 밀레니엄의 논의는 숫자놀이에 불과했을지도 모른다.

6. 사회 분위기 면에서 좋은 파장을 불러일으키리라 생각된다.

7. 사이비 종교에 집착하고 있는 사람들이 다수 발생하고 있다.

8. 무지하고 순수한 사람들을 눈속여 이용하고 있는 것이다.

9. 실업률을 늘리고 있다.

10. 경제 위기에 닥친 우리나라는 그때부터 소비 구조가 달라지게 되었다.

11. 아내가 고생하다

12. 정부가 물가를 동결하다

13. 자연보호법안은 산에 쓰레기를 버리거나 취사 행위와 고성방가 행위를 엄중히 처벌하는 내용을 담고 있다.

14. 오른쪽으로 돌으셔서 오시면 됩니다.

15. 그렇게 생각되어집니다.

16. 잠겨진 문

17. 잊혀졌던 소리가 다시 들려온다.

18. 사회의 상류층 사람들은 여전히 지나친 소비와 낭비로 상대적인 빈곤감을 더욱 더 느끼게 하곤 하였다.

19. 낮의 일 때문에 피곤하였지만 눈을 또렷하게 뜨고서 나를 바라보는 그들에게서 힘을 얻고 나니 하루 중 가장 즐거운 시간으로 만들 수 있었다.

20. 아버지가 병중에 있을 때 병원비, 약값 등 비용이 돌아가신 뒤에 가정 살림에 큰 부담을 주었던 것이다.

---

3. 글쓰기의 절차

　한 편의 글을 완성하는 일은 생각처럼 쉽지 않다. 일필휘지로 적어 글 한 편을 완성하는 사람은 없다. 글의 주제를 정하지 못해 헤매는 경우도 있고 주제는 참신하더라도 자료를 수집하고 개요를 짜는 과정에 서툴러 난감해하는 경우도 있다. 또 몇 줄 쓰고 나서 쓸 말이 없기도 하고 개요를 잘 작성했지만 막상 집필한 글의 내용이 창의적이지 않을 수도 있다.
　누구나 겪는 어려움이지만 이를 극복할 수도 있다. 글쓰기의 첫 단계는 글쓰기의 절차를 이해하고 인식하는 것이다. 그리고 이를 자신의 것이 될 수 있게 꾸준히 연습해야 한다. 일반적인 글쓰기의 절차는 다음과 같다.

주제 선정 ▶ 자료수집 및 정리 ▶ 개요 작성 ▶ 집필 ▶ 퇴고

위 절차는 크게 셋으로 나누어 볼 수 있다. '주제 정하기', '자료 수집 및 정리', '개요 작성'이 글쓰기 전 단계인 '계획하기'에 해당하고, 그다음 과정으로 실제 글쓰기 과정인 '집필', 글을 수정하는 단계인 '퇴고'로 나눌 수 있다. 글쓰기의 과정을 인식하고 자신의 것으로 만드는 일이 중요하기는 하지만 이와 같은 과정이 절대적인 것은 아니다. 누구나 보고서를 작성하는 과정에서 글을 뒷받침하는 근거나 내용의 부족함을 느끼고 다시 자료를 더 찾아 모아 보충했던 경험이 있을 것이다. 심지어 글의 결론을 작성하지 못한 상태에서 서론이나 본론의 내용을 검토하고 글을 수정하기도 한다. 이렇게 글쓰기의 절차는 일방향적인 것이 아니라 언제든 앞선 절차로 되돌아갈 수 있는 것이다.

위에서 보인 절차는 일반적인 글쓰기의 절차이다. 글의 종류, 글의 내용에 따라 이 절차는 조금씩 달라질 수 있지만 이 장에서는 일반적인 글쓰기의 절차에 대한 포괄적인 내용을 다루기로 한다.

1) 계획하기

(1) 주제 선정과 주제문 작성

'주제'는 '글의 중심이 되는 생각'이라고 할 수 있다. 보통 대학생들이 주로 쓰는 글은 과제가 많은데 이때 주제는 범위가 넓고 구체적이지 않은 경우가 많다. 이를 '가주제'라고 한다. 예를 들어, '한국 영화'라는 주제가 주어졌다면 이는 가주제이다. 가주제를 통해 구체화한 주제를 참주제라고 한다. 예를들어, '한국 영화의 역사', '한국 영화 소재에 대한 연구', '스크린 쿼터 제도의 타당성'은 실제 글의 내용에서 가장 중심적인 생각을 담은 참주제이다. 글의 주제는 되도록 구체적이고 광범위하지 않은 것이 좋다. 범위가 넓을수록 글이 산만해지고 의도가 분명하게 드러나지 않아 독자가 글을 이해할 수 없게 된다. '가주제'가 주어진 상황에서 '참주제'를 정한다고 하더라도 '참주제' 역시 범위가 넓은 경우가 있다. 예를 들어, '한국 영화'라는 가주제를 두고 '한국 만화 영화'를 참주제를 삼는다면 '한국 만화 영화'의 어떤 부분

을 다룰 것인지를 분명하게 할 수 없게 된다. 따라서 이러한 경우에는 조금 더 범위를 좁혀 분명히 할 필요가 있다.

주제를 선정할 때는 주의할 점이 있다. 자신이 잘 알고 있거나 자료 수집을 충분히 할 수 있는 주제를 선정해야 한다. 만약 자신이 잘 알지 못하는 주제라면 대략적인 자료 조사를 통해 자신이 수행할 수 있는 주제인지를 검토하는 것도 방법이다. 또한 독자의 흥미를 끌 수 있는 참신한 것이면 좋다.

이렇게 주제를 정했다면 이제 주제문을 작성해 보자. 주제를 정하고 나서 주제문을 명확하게 하지 않는다면 독자에게 글의 내용이나 방향성을 분명하게 인식시키기 어렵다. 따라서 주제를 정한 후 완성된 하나의 문장으로 주제문을 써 놓는 것이 좋고, 이 주제문을 기준으로 하여 글의 방향을 계속적으로 확인하면서 집필을 하는 것이 글의 일관성을 확보하는 데에 도움을 준다.

주제문은 구 구성보다는 완전한 문장이면서 평서문이어야 한다. 의문문이거나 비유적 표현, 추측하는 형태인 '~인 것 같다'와 같은 표현은 좋지 않다. 또한 주제문 안에 둘 이상의 내용이 들어 있으면 안 되고 하나의 일관된 생각을 드러내는 것이 좋다.

(2) 자료 수집 및 정리

글의 주제를 확정했다면 글쓰기에 필요한 아이디어를 모으고 본격적으로 글을 쓰는 데 도움이 되는 자료를 수집해야 한다. 사실 앞서 제시한 '주제 정하기' 과정에서 자료에 대한 조사나 아이디어를 얻는 과정을 거쳤을 것이다. '자료 수집 및 정리' 단계는 주제를 정할 때 썼던 아이디어나 자료보다 더 구체적인 자료를 수집하고 정리하는 단계이다. 자신이

활동 다음 가주제에 대한 참주제를 선정해 본 후, 주제문도 만들어 보자.

가주제	우리나라의 복지
참주제	
주제문	

잘 아는 주제라면 자료 수집 과정이 수월할 수도 있다. 다만 이때는 자신이 아는 내용이라고 하여 자료를 대강 보아 넘겨서는 안 된다. 잘 알고 있는 주제라 하더라도 참주제와 주제문을 참고하여 자신이 가지고 있는 자료가 그에 적용할 수 있는 것인지를 꼼꼼하게 점검해야 한다.

먼저 아이디어를 모으는 과정을 살펴보자. 글쓰기에 익숙하지 않은 미숙한 필자라면 이 과정을 훈련하는 것이 좋다. '브레인스토밍', '마인드맵'의 방법을 흔히 이용한다. '브레인스토밍'은 조별 과제를 수행할 때 자유롭게 토론하여 창조적인 아이디어를 끌어낼 수 있고, '마인드맵'은 중심 개념에서부터 관련된 아이디어를 지도를 그리듯 시각적으로 표시하면서 생각을 확장해 나갈 수 있다.

활동 다음 주제어를 두고 마인드맵 활동을 해 보자. 핵심어를 가운데 두고 핵심에서 연상되는 단어들을 4개씩, 두 차례(3차) 확장해 보자.

자료는 다방면에서 풍부하게 수집하는 것이 좋다. 그 후에 '내용', '중요도'에 따라 나누어 본다. 자신의 주제에 맞는 정확한 제재들을 일차적으로 선택하고, 독자의 흥미를 살리거나

부차적인 근거로 제시할 수 있는 제재들을 남겨 둔다. 자료 수집의 방법은 크게 인터넷 검색, 서적 및 논문 자료 수집, 현장 방문 셋으로 나누어 볼 수 있을 듯하다.

　현 시대에는 어떤 자료이든 인터넷 검색을 통해 구할 수 있다. 이 방법이 아주 편리한 듯하지만 학술적인 글쓰기나 정확한 정보를 요구하는 글쓰기에서는 매우 주의를 필요로 한다. 인터넷 자료 가운데 상당수가 글 작성자의 견해가 들어 있는 경우가 많기 때문이다. 또한 그 근거에 대한 출처도 명확하게 밝혀져 있지 않은 경우가 많다. 이런 경우 자신의 견해와 피인용한 견해를 구분할 수 없게 되어 본의 아니게 윤리적인 문제를 초래하기도 한다. 따라서 인터넷 자료를 접할 때에는 해당 정보의 출처가 명확한지를 살펴보고, 해당 정보의 출처가 있다면 다시 그 출처를 확인하여 글 작성자의 견해와 정보가 분리되어 있는지를 살펴보고 그 내용을 정리해 두는 것이 좋다.

　학문적 글을 쓸 때에는 먼저 서적이나 논문 자료를 수집하는 것이 좋다. 국회도서관이나 학교 도서관을 주로 이용한다. 자신이 찾은 서적이나 논문 자료에는 보통 참고 문헌이 달려 있다. 참고 문헌은 그 글에 인용되거나 글을 쓰면서 참고한 다른 자료들의 목록을 제시한 것인데 자신의 주제와 관련이 있는 서적이나 논문이라면 해당 참고 문헌을 통해 더 많은 자료들을 접할 수 있고 이를 기준으로 하여 관련된 여러 자료들에 접근할 수 있다.

　인터넷 자료, 서적, 논문 등을 살펴볼 때에는 해당 정보가 언제 작성된 것인지를 살펴보아야 한다. 특히 인터넷 자료에서는 출처뿐만 아니라 게시일, 수정일을 꼼꼼하게 살펴 최신의 정보인지, 현재의 상황에 맞는 내용의 글인지를 확인하자.

참고 문헌의 예

참고문헌

고영근, 「형태소의 분석한계」, 『언어학』 제3권, 한국언어학회, 1978, 29-35쪽.

김양진, 「일음절 한자어 어기의 형태론적 재해석」, 『어문논집』 제52집, 민족어문학회, 2005, 97-120쪽.

김용석, 「접미사 '-적(的)'의 용법에 대하여」, 『배달말』 11, 배달말학회, 1986, 73-90쪽.

김창섭, 『국어의 단어형성과 단어구조 연구』, 태학사, 1996.

동뇌, 「한자어 접미사 '-的'의 문법적 성격에 대한 고찰」, 『한중인문학연구』 제38집, 2013, 75-102쪽.

박동근, 「한국어의 통사적 접사 설정에 대한 비판적 검토」, 『한말연구』 제7호, 한말연구학회,

2000, 149-172쪽.

서정목, 『문법의 모형과 핵 계층 이론』, 태학사, 1998.

서정미, 「현대 한국어 접두 파생어」, 경기대학교 대학원 석사학위논문, 1994.

송철의, 『국어의 파생어형성 연구』, 태학사, 1992.

시정곤, 『국어의 단어형성 원리』, 한국문화사, 1998.

엄태경, 「'접두사＋접미사'형 단어의 형성 과정과 사전적 처리」, 『한국언어문화』제52집, 한국언
　　어문화학회, 2013, 223-258쪽.

유현경, 「접두사의 사전적 처리」, 『언어정보와 사전편찬』, 연세대학교 언어정보연구원, 1999,
　　183-203쪽.

이관규, 「국어 접두사 재고-그 존재에 대한 부정적 견해」, 『어문논집』제28집, 민족어문학회,
　　1989, 339-350쪽.

이성하, 『문법화의 이해』, 한국문화사, 1998.

이정훈, 「단어 형성 원리에 대한 고찰-핵 계층 이론적 접근」, 『시학과언어학』제15호, 시학과
　　언어학회, 2008, 205-240쪽.

〈사전류〉

국립국어원 표준국어대사전, 〈http://stdweb2.korean.go.kr〉

우리말샘, 〈https://opendict.korean.go.kr〉

[인터넷 자료 출처의 예]

언지용(jini****), "1년쯤 늦어도 괜찮아 우린 아직 젊잖아", 『리뷰어스클럽』, 작성일 2019. 7. 13.,
　　〈https://cafe.naver.com/jhcomm/〉 (검색일 2019. 7. 14.).

"맞춤법", 『국립국어원 표준국어대사전』, 〈https://stdict.korean.go.kr/main/main.do〉 (검색
　　일 2018. 2. 15.).[1]

　　다음으로 자신이 쓰고자 하는 글의 내용과 관련된 분야의 전문가를 만나거나 해당 분야를
경험할 수 있는 곳에 방문하는 방법으로 자료를 수집할 수도 있다. 전문가나 견학을 추진할
경우에는 보통은 전문가를 만날 수 있거나 시설을 경험할 수 있는 시간이 정해져 있으므로

---

1) 김동우, 『이공계 글쓰기 노하우』, 생능출판사, 2011. 6장 참조.

방문 전 철저한 준비를 하는 것이 좋다.

선정한 자료들에 대한 내용을 상당히 구체적으로 정리해야 한다. 먼저 '책명(논문명), 글쓴이, 출판사, 출판 연도' 등 꼼꼼하게 정리하자. 위의 예시와 같이 구체적인 것이 좋겠다. 글은 경우에 따라 소설이나 수필과 같이 온전히 필자가 창조한 내용일 수도 있으나 정보를 제공하는 글, 설득하는 글, 조사 보고서와 같이 다른 사람이 정리해 놓은 이론이나 정보, 다른 사람의 견해 등이 반영되는 경우가 매우 많다. 이때 남의 글을 함부로 쓰지 않고 다른 사람의 글을 정당하게 사용했음을 밝히는 것이 좋다. 자료를 검토하고 정리하는 과정에서 메모와 요약문을 작성할 때에 해당 내용이 어디에 근거한 것인지를 분명히 밝혀 놓는 것이 윤리적으로 중요한 일이다. 인터넷 자료의 경우 언제든 다시 검색하면 된다는 식으로 생각할 수 있지만 정작 다음번에는 해당 정보가 어디에 있었는지 찾을 수 없는 경우가 허다하다. 인터넷 검색 내용을 정리할 때에도 잊지 말고 '키워드', '주소', '게시일', '검색일' 등을 모아 두어야 한다.

활동 다음 주제 알맞은 자료들을 찾아본 후 자신이 접한 자료들의 목록을 둘씩 정리해 보자.

주제	한글 맞춤법에 어긋난 표현을 찾아 설명해 보자.
참고 자료	[문헌 및 논문] [인터넷 자료]

2) 개요 작성

많은 학생들이 개요 작성에 대한 압박을 느낀다고들 말한다. 실제로 글쓰기 과제를 수행하던 중 개요만 다섯 개를 쓰는 학생도 본 적이 있다. 그러나 우리가 쓰려고 하는 것은 하나의 완성된 글이지 개요가 아니다. 개요는 한 편의 글을 완성하기 위한 가이드라인의 역할을 하는 것이지 그 자체가 목적이 아니며 자신의 생각을 정리하여 불필요한 것들을 없애어 매끄러운 글을 쓰기 위한 과정일 뿐이라는 점을 상기하자. 글의 종류에 따라 개요 짜기의 중요성이 다를 수 있다. 예를 들어, 편지를 쓰는 과정과 조사 보고서를 쓰는 과정에서 개요 짜기의 비중이 다른 것이다. 편지를 쓰는 과정에서는 상대방에게 하고 싶은 말을 머릿속으로 구상해 보는 것이 개요 짜기를 대신할 수 있지만 보고서를 작성하는 과정에서는 머릿속 구상만으로 전체 구성을 담기 어렵다. 따라서

대부분의 글쓰기에서 개요를 세밀하고 구체적으로 작성하는 것이 좋다. 개요를 너무 성글게 짜면 글을 집필하는 과정에서 구성을 바꾸어야 하는 경우가 생길 수 있고, 퇴고하는 과정에서는 문장, 단락 수준의 수정이 아니라 글 전체를 뒤바꾸어야 하는 수준의 수정 작업을 거쳐야 하기 때문에 효율이 떨어지게 되어 번거로울 수 있다는 것을 기억해야 한다.

개요를 작성하기 이전에 글의 목적과 독자를 고려하여 글의 구성을 구상하여야 한다. 일반적으로 글은 처음, 중간, 끝으로 나눌 수 있는데, 이를 조금 더 구체화한다면 시간이나 공간의 순서에 따르는 구성이 있고, 논리적 구성인 단계식, 포괄식, 열거식, 점층식 구성이 있다. 대략적으로 다음과 같이 제시할 수 있다.[2]

⑴ 시간적 순서에 따르는 구성
⑵ 공간적 순서에 따르는 구성
⑶ 단계적 구성: 3단, 4단, 5단 구성
⑷ 포괄식 구성: 두괄식, 미괄식, 양괄식 구성
⑸ 열거식 구성
⑹ 점층식 구성

위와 같이 구성이 여럿이 있으나 일반적인 글에 두루 적용할 수 있는 구성은 '처음, 중간, 끝' 구성인 3단 구성이라고 할 수 있다. 어떤 구성을 선택하든지 자신의 의도에 맞는 생각을 알맞게 담아 독자에게 자신의 생각이 잘 전달되도록 구성하는 일이 중요하다.

---

2) 건국대학교 글쓰기연구회, 『창의적 글쓰기의 기법』, 조율, 2012. 참조.

개요 구성은 진술 방식에 따라 화제식 개요와 문장식 개요가 있다. 화제식 개요는 부제나 주요 논점을 구 구성으로 나타내는 것이고, 문장식 개요는 내용의 흐름을 반영하여 조금 더 자세하게 알 수 있도록 내타내는 것이다. 화제식 개요는 작성하기에는 편리한 측면이 있지만 글의 내용을 명확하게 파악하지 못한 경우에는 각 항목을 유기적으로 연결시키지 못할 수도 있다. 문장식 개요는 작성할 때에 시간이 오래 걸리며 개요를 작성하면서도 자료를 구성하는 차원을 벗어나 표현이 장황해질 수도 있다. 화제식 개요는 보고서 작성에서는 그대로 장과 절의 제목으로 쓰이기도 하고, 문장식 개요는 내용을 흐름을 반영하므로 그대로 내용으로 흡수되어 쓰이기도 한다.

[예시 1 / 화제식 개요]

주제	청소년 스마트폰 중독 현상
주제문	청소년의 스마트폰 중독 현상이 심각한 사회적 문제가 되고 있다.
처음	1. 청소년 스마트폰 중독 현상의 개념 2. 스마트폰 중독 문제 해결의 필요성

중간	1. 청소년 스마트폰 중독의 실태
	2. 청소년 스마트폰 중독 현상의 원인
	   (1) 개인적 요인: 매체를 통한 소통의 욕구, 편리성
	   (2) 사회적 요인: 게임 산업의 발달, SNS의 발달

끝	청소년 스마트폰 중독의 해결 방안 (1) 개인적인 해결 방안 (2) 사회적인 해결 방안

[예시 2 / 문장식 개요]

주제	청소년 스마트폰 중독 현상
주제문	청소년의 스마트폰 중독 현상이 심각한 사회적 문제가 되고 있다.
처음	1. 청소년 스마트폰 중독 현상은 범국가적으로 일어나고 있어 사회적 문제가 되고 있다. 스마트폰을 사용할 수 없으면 안절부절못하고 불안해한다면 스마트폰 중독

이다.

2. 스마트폰 중독 문제는 이제 더 이상 방관할 수 없는 상황에 놓여 있다.

중간 청소년 스마트폰 중독 현상의 원인은 크게 둘로 나눌 수 있다. '개인적 요인'과 '사회적 요인'이다.

(1) 개인적 요인으로는 매체를 통한 소통의 욕구의 발현과 스마트폰에 대한 편리한 접근성을 들 수 있다.

(2) 사회적 요인으로는 매체 관련 산업의 발달을 들 수 있다. 게임 산업의 발달, SNS의 발달이 그 예이다.

끝 청소년 스마트폰 중독의 해결 방안은 둘로 나누어 볼 수 있다.

(1) 개인적 측면에서는 운동 등 스마트폰이 없어도 할 수 있는 활동을 차츰 늘려 가야 한다.

(2) 사회적 측면에서는 청소년들이 스마트폰을 무분별하게 사용할 수 없도록 하는 제도를 마련해야 한다.

두루 쓸 수 있는 개요의 틀을 다음과 같이 제안한다. 다만 이 틀이 절대적인 것은 아니다.

[개요 틀 제시]

제목	※ 참고사항 목적에 맞는 참신한 것이면 좋다.
주제	※ 참고사항 모호한 표현이 없는 완성된 하나의 문장이 좋다.
처음	※ 참고사항 선정 이유(목표)가 드러날 수 있어야 한다. 한편, 자신의 글과 관련 있는 글이 있다면 이를 정리하여 간략히 제시하고 해당 글과의 차별점을 설명할 수 있다면 더 좋다.
중간	※ 참고사항 자료를 분류한 내용에 맞게 구성한 후에 이를 몇 개의 단계로 구분하여 작성해 본다.
끝	※ 참고사항 전체의 내용을 아우를 수 있도록 아주 간략하게 제시한다.
자료 정리	※ 참고사항 상당히 구체적으로 정리한다. 책 이름, 글쓴이, 출판사, 출판 연도 등 꼼꼼하게 정리하자.

본인의 전공에 맞는 주제를 택해 화제식 개요를 구성해 보자.

제목	
주제	
처음	
중간	
끝	

3) 집필하기

구상한 개요들을 토대로 글을 써 보자. 천천히 읽어 가면서 글을 쓰는 것이 중요하다. 처음에 정했던 주제에서 벗어나지 않기 위해 항상 주제문을 보면서 글을 쓰는 것도 요령이다. 여러 구성이 있지만 두루 적용할 수 있는 '처음', '중간', '끝'의 구성을 기초로 하여 글쓰기의 유의점과 방법을 살펴보자.

(1) 제목 정하기

제목은 글의 첫 부분과 마찬가지로 독자의 흥미를 불러일으키면서 글의 목적, 글의 내용을 짐작할 수 있게 하는 기능을 한다. 제목을 정하는 과정에서 고려해야 할 사항을 글의 종류와 목적을 고려하고 주제가 잘 드러날 수 있도록 한다는 것이다. 또한 참신한 것, 명료하고 간결한 것이 좋다.

제목의 형식에 따라 단어식, 어구식, 문장식으로 나눌 수 있고, 제목의 내용에 따라 문제 제기형, 주제 암시나 표출형, 제재 부각형으로 나눌 수 있다. 간략히 예를 제시하면 다음과 같다.

제목의 예시 [3]

[형식에 따라]
단어식 제목: '언어', '소나기' 등
어구식 제목: '언어와 문화', '문구의 모험' 등
문장식 제목: '그 많던 싱아는 누가 다 먹었을까' 등

[내용에 따라]
문제 제기형 제목: '우리 교육, 이대로 좋은가' 등
주제 암시나 표출형 제목: '철학은 어떻게 삶의 무기가 되는가', '전쟁은 여자의 얼굴을 하지 않았다' 등
제재 부각형 제목: '연결 어미 연구', '스마트폰과 인터넷 윤리' 등

---

(2) 글의 '처음' 쓰기

구성에 따라 '서론', '처음' 등으로 이르지만 글의 첫 부분의 기능은 같다. 독자의 관심을 불러일으키고 그 기대치에 충족하도록 글의 방향과 내용을 제시하는 부분이다. 따라서 글의 내용과 목적에 맞게 자신의 생각을 드러내는 것이 중요하다. 자신이 이야기하고자 하는 것이 무엇이고, 그 주제는 흥미로운 것이며, 주제를 다룰 만한 가치가 있음을 드러내면 된다.

일반적으로 논문이나 보고서, 설명문, 논설문 등에서는 글을 쓰는 목적과 방향 다룰 내용의 방법 등을 설명한다. 자기소개서, 수필 등에서는 어떤 일화를 내세워 흥미를 불러일으키거나 속담, 격언, 명언 등을 인용하여 글의 처음 부분을 시작하기도 한다. 어떤 방법이든 자신의 견해나 글의 주제를 잘 드러낼 수 있고 어떤 독자가 읽을지를 고려하여 선택할 수 있다.

---

3) 건국대학교 글쓰기연구회, 『창의적 글쓰기의 기법』, 조율, 2012. 참조.

(3) 글의 '중간' 쓰기

글의 '처음'에서 제시한 주제와 목적의 방향에 맞게 자신의 생각을 풀어 쓰는 부분이다. 이때 유의해야 하는 점은 자신의 견해와 주제를 명확하게 드러내어 제시하는 것이다. 또한 자신의 아이디어와 자료 조사의 폭이 좁지 않음을 드러낼 수 있도록 주제에 합당한 자료들을 내세우는 것이 좋다. 그러나 풍부한 자료가 중요하다는 생각에 이끌려 주제에 벗어나는 자료를 내용에 넣는 일이 생기지 않도록 조심해야 한다. 보통 학생들의 글을 보면 자료 수집 과정에서 자신이 새롭게 알게 된 사실에 놀라 그 부분을 아주 참신한 것으로 여겨 주제와의 관련이 없어도 보고서에 제시하는 경우가 있는데 이런 경우 글의 방향성을 흐트리기 때문에 적절하지 않다. '중간'을 쓰는 과정에서 가장 중요한 것은 주제에서 벗어나지 않는 것임을 명심해야 할 것이다.

한편, 글의 '처음' 부분의 내용이 다시 반복되지 않도록 하자. 글의 '처음' 부분에서는 독자의 관심을 끌기 위해 썼던 내용을 다시 본론적인 이야기를 제시하는 '중간' 부분에서 제시하는 경우가 있다. 또한 글의 '끝'에서 할 이야기를 먼저 제시하지 말자. 혹여 제시하는 내용이라면 표현의 측면에서 독자가 새롭게 느낄 수 있도록 구성하는 것이 좋다.

(4) 글의 '끝' 쓰기

글의 '중간'에서 풀어 쓴 자신의 견해를 바탕으로 내용을 압축하여 제시한다. 전체의 내용을 아우를 수 있도록 주제를 제시하는 것이다. '끝' 부분에서 다시 어떤 논의를 풀어 쓰지 않도록 주의한다. 글 내용과 관련된 내용에 덧붙이는 정도는 괜찮다.

4) 퇴고하기

'퇴고'란 글을 다듬는 일을 말한다. 글쓰기 과정에서 주제 잡기부터 중요하지 않은 단계는 없으나 최종적으로 자신의 글의 완성도를 높일 수 있는 절차는 퇴고하기라고 할 수 있다. 사실 퇴고 과정은 글을 모두 집필한 후만 진행하는 것이 아니다. 한 문장은 쓴 후, 한 문단을 쓴 후, 하나의 의미 단락을 쓴 후에도 계속적으로 일어나는 활동이다. 퇴고 단계에서는 글에 쓰인 단어, 문장 단위뿐만 아니라 글의 주제와 관련된 전반적인 구성까지 고려하여 고치므로 퇴고를 여러 번 거친 글은 자연스럽게 읽힌다. 자신이 쓴 글을 퇴고할 때는 주의할 점이 있다. 주제와 내용이 자신이 조사하고 구상한 것이기 때문에 꼼꼼하게 읽지 않으면 자신의 문체와 생각에 이끌려 문장 내 오류, 문단 사이의 오류 등을 찾아낼 수 없다. 따라서 자신의 글을 퇴고할 때에는 글을 쓴 후 시간이 조금 지난 후에 하는 것도 도움이 되는 방법이다. 가끔은 자신의 글을 다른 사람에게 보여 주는 일도 필요하다. 특히 문장의 측면에서는 자신의 표현 방법의 어색함을 잘 느끼지 못할 수도 있기 때문에 평소의 자신의 문체와 어투에 대해 인식해 보는 일이 필요하다.

퇴고를 할 때 고려해야 하는 측면은 다음과 같다.

1) 주제적 측면: 글의 목적에 부합하는 주제가 일관되는가?
2) 자료적 측면: 글의 주제를 뒷받침하는 근거나 자료가 적절한가? 거짓은 없는가?
3) 구성적 측면: 불필요한 부분은 없는가? 문단의 순서가 적절한가?
4) 문장의 측면: 표현이 간결한가? 맥락상 문장의 순서가 적절한가?

각 측면에서 고려하여 글의 이해가 쉽도록 불충분한 것으로 보충하고, 불필요한 것을 삭제하며, 문장과 단락의 구성을 확인해 주제를 명료하게 드러내도록 한다.

그리고 마지막으로 글의 제목도 점검해 보자.

활동   다음은 호응이 좋지 않은 문장이다. 문장을 자연스럽게 고쳐 보자.

수정 전	수정 후
그가 주장한 바에 따르면 이해하고 돕자는 의미를 담고 있다.	
7월 15일 원주시청에서 바자회가 개최한다.	
엄마는 네가 새근새근 잘 때가 세상에서 가장 예쁘구나.	

이번 장에서 습득한 내용을 바탕으로 하여 간단한 글 하나를 완성해 보자.

과정1) 아래 빈 공간에 떠오르는 대로 마인드맵을 작성해 보자.

대학생의 일상

과정2) 위의 글감을 토대로 글쓰기가 가능할 주제(주제문)을 정한다.

_____

과정3) 위의 주제를 기준으로 과정 1에서의 글감 중 필요 없는 것들을 지운다.

과정4) 과정 2의 주제와 과정 3에서 고른 글감들을 토대로 자유롭게 글을 써 본다.

_____

_____

_____

_____

_____

_____

_____

_____

과정5) 제목을 붙여 보자.

과정6) 단어, 문장, 문단의 내용을 검토하여 수정한다.

03

나를 표현하는 글쓰기

김장원

'나'를 표현하는 글쓰기

1. 대학생과 '나'를 표현하는 글쓰기

　대학에서 '나'를 표현하는 글쓰기를 배워야 하는 이유는 간단하다. 그 이전까지의 공교육 과정에서 '나'에 대한 충분한 공부를 한 적이 없기 때문이다. 우리가 사는 세계가 아무리 기술적인 진보를 이룬다고 해도, 그 어디에도 '나'를 대체할 수 있는 것은 없다. 그럼에도 우리의 공교육은 대체 불가능한 존재인 '나'를 충분히 알아갈 수 있는 계기와 기회를 제공한 적이 없다. 게다가 공교육을 거쳐 간 사람들도 '나'를 알아가는 것에 대해 무관심했음은 부인할 수 없는 현실이다.

　이런 상황에서 대학 신입생은 그 이전에는 경험해보지 못한 커다란 변화를 맞이하게 된다. 첫째는 삶의 과도기를 맞이하게 된다. 이전에는 미성년, 청소년 등으로 불리며, 삶에서 여러 제약을 겪던 학생들이, 삶의 제약으로부터 벗어나게 된다. 미성년에서 성년으로서의 변화, 다시 말해 법적으로 사회구성원으로서의 권리와 의무를 보장받게 된다. 물론 이러한 삶의 변화는 누구나 겪는 것이다. 당연히 시간이 흐르면 겪게 되는 것이라고 해도 이에 대한 준비가 필요하다. 법적인 성인이냐 아니냐의 문제를 떠나서 대학생은 스스로 생각하고 판단하고 결정하고 행동할 뿐만 아니라 그에 따른 결과에 책임을 져야 한다. 대학 신입생의 경우 이에 대한 대비가 필요하다. 이런 경험이 있는 학생과 그렇지 않은 학생의 경우 대학 생활에 있어서 다소 차이를 보이기도 한다. 그렇기 때문에 대학 신입생들에게 자기 스스로를 성찰할 수 있는 계기를 제공해야 한다. 자기성찰의 의미를 스스로 체득하도록 할 기회가 필요한 것이다.

대학 신입생에게 이러한 기회는 중요한 의미를 지닌다. 이제 '나'에 관한 일에 대해 스스로 판단, 결정, 행동하고, 이에 대한 책임을 져야 하는 존재가 되었기 때문이다. 이제 '나'의 인생은 내가 어떻게 하느냐에 달려 있다는 사실을 분명하게 깨달을 필요가 있다. 이는 단지 성인으로서의 권리만이 아니라, 의무에 대해서도 생각해볼 기회가 필요하다는 의미인 것이다. 자신의 삶을 결정하고 실현하는 것은 바로 '나' 자신이기 때문이다. 이제 미성년으로서의 '나'에서 성인으로서의 '나'에게로 생각의 폭이 더 확장되는 시기이기에 이에 대한 교육과 경험이 필요한 것이다.

둘째는 '나'의 자존감에 대한 문제다. 이는 자기 존재에 대한 자기 인식과 관련한 문제이다. 자기 정체성에 대한 자각이 필요하다는 말이다. 이는 대학 교육은 말할 것도 없고 모든 교육과정에서 강조하는 가장 근본적인 내용일 것이다. 그럼에도 어느 교육과정에서도 자기 존재에 대한 자각의 중요성을 강조하거나 다룬 경우를 찾아보기 힘들다.

우리는 분명 이 세상에 나를 대신할 수 있는 존재는 없다고 배웠다. 세상에서 단 하나 뿐인 귀중한 존재라고 말이다. 그런 귀중한 존재에 대해 얼마나 많은 관심을 기울였는가? 이를 위해 얼마나 많은 시간과 노력을 투자했는가? 하는 질문을 던져보면 자신 있게 대답할 사람은 많지 않을 것이다. 대학 진학을 위해 외국어를 비롯한 주요 과목 등의 공부에는 측정할 수도 없는 시간과 노력을 투자했으면서도, 정작 세상에 단 하나뿐인 존재인 자신을 위해서는 과연 얼마만큼의 시간과 노력을 투자했는지 비교해보면, 우리가 나 자신에 대해 얼마나 무심했는지를 분명히 알 수 있다.

피할 수 없는 경쟁을 핑계 삼아 우리는 자신에 대한 성찰과 정리의 과정을 무시하거나 간과하며 지내온 것이다. 소중한 자기 존재를 인식하는 과정, 자기 정체성을 확인하는 과정을 진지하게 수행할 필요가 있다. 이 과정은 '나'에 대한 의미부여 과정으로 전환하는 과정에서 반드시 필요한 선결과정이기 때문이다. '나'에 대한 타인의 규정이 아니라, 자기 존재에 대한 스스로의 능동적인 의미 부여는 이후 대학 생활에 있어서의 변화의 원동력이기 때문이다.

그럼에도 우리는 '나' 자신이 대체불가능한 귀중한 존재라는 사실을 자각하지 못하고 있는 것처럼 보인다. 한 번 뿐인, 되돌릴 수 없는 '나'의 시간, 삶을 아무런 생각 없이 흘려보낸 경우를 흔하게 경험해 왔다. 여러 이유로 '나'의 몸과 마음을 보살피지 않았다. 더 나아가 '나'의 시간을 덧없이 흘려보내기도 했다. 더 나아가서는 미래 '나'의 삶에 대한 주인인 '나'는 그 어떤 시도나 계획도 하지 않았다. 이는 어떤 특정한 사람이나 세대를 가리키는 것이 아니다. 어쩌면 우리 일상에서 흔히 경험할 수 있는 것일 뿐이다.

셋째는 '나'에 대한 표현하는 글쓰기는 구체적이고 실용적인 측면에서 도움이 되기도 한다. '나'를 표현하는 글쓰기를 배워야 하는 이유로 여기서 강조하려는 것은 '나'를 표현하는 글쓰기는 때론 아주 구체적이고 실용적인 측면과 밀접한 관련이 있다는 점이다. '나'를 표현하는 글쓰기 과정은 '나'를 구체적으로 성찰하고, 정리하며, 자각하는 과정을 근간으로 하고 있기 때문이다.

'나'를 안다 혹은 공부한다는 것은 매우 어려운 문제이다. 그렇기에 구체적인 질문들을 통해 스스로를 성찰할 수 있어야 한다. 다른 표현으로 하자면, '나'를 읽는 과정이 전제되어야 한다는 것이다. 구체적인 질문들을 통해서 '나'를 읽어 볼 필요가 있다. 그렇지 않으면 '나'를 읽는 과정 즉 '나'를 성찰하는 과정이 방향을 잃거나 관념화될 가능성이 많다. 그러기에 '나' 자신은 물론 타인의 시각을 통해서 다양한 시각으로 '나'를 읽어야 하는 것이다. 이 과정은 추후 '나'를 표현하는 글쓰기 과정에서 자신의 특성과 개성을 표현하는 중요한 데이터가 될 것이다.

네 번째 '나'를 표현하는 것은 미래를 기획하는 것과 관련되어 있다. 흔히들 미래를 기획하는 과정에서, 지금까지 지나온 것들에 초점을 강조점을 두지 않는다. 그러나 미래를 기획하는 데 있어서 가장 중요한 근거가 지금까지 지내온 삶에 바탕을 두고 있음은 분명하다. 이런 맥락에서 본다면 자기 성찰의 과정은 단지 과거에만 한정된 활동이 아니라 미래를 기획하는 중요한 근거 자료를 축적하는 과정임이 분명하다.

그러나 대학교육에서 '나'를 표현하는 글쓰기에 대한 대학생의 태도는 그리 호의적이지 않다. '나'에 대한 쓰기와 읽기를 하지 않고도 지금까지 별 탈 없이 잘 살아왔기 때문이다. 또한 대학 신입생들은 '나'를 표현하는 글쓰기가 이미 자신들이 배워왔던 내용과 그리 크게 다르지 않다고 생각한다. 아니 이미 중고등학교 시절과 대학입학과정에서 이미 학습한 경험이 있다고 여긴다.

'나'를 표현하는 글쓰기는 의사소통의 수단이자 '내'가 누구인지 알 수 있는 좋은 방법이다.

'나'를 표현하는 글쓰기는 그 자체로 '나'에 대한 공부이자 탐색이다. 오롯이 '나'란 존재의 생각, 감정 등과 대화할 수 있는 시간이다. 글쓰기의 시작을 위해 오직 '나'에게만 집중해보자. '나'를 표현한다는 것은 '나'를 알아가는 것이고 결국에는 '나'를 이해하고 더 나아가서는 '나'와 타인 간의 원활한 의사소통, 이해와 공감을 위한 과정이 될 것이다.

2. '나'에 대한 질문을 하기 전에

'나'를 알아가기 전에 생각해보아야 할 부분이 있다. 바로 '나'의 탄생이다. 이탄생으로부터 '나'는 존재한다. 탄생은 '나'의 역사의 시작인 것이다. 국가나 민족만이 역사를 지니고 있는 것은 아니다. 개인도 소중하고 의미 있는 역사가 있다. 여기에 '나'의 탄생에서부터 '나'에 대한 탐구를 시작하는 이유가 있다. 아울러 '나'의 이야기와 부모님의 이야기가 서로 공존할 수 있는 지점을 마련한다는 점에서도 의미가 있다. 또한 '나'의 근원을 확인함으로써 '나'의 정체성과 존재의 의미를 더욱 분명하게 자각하는 계기가 될 것이다.

'나'의 탄생에 관한 이야기는 현대사회가 요구하는 어떠한 문서나 양식에도 포함되어 있지 않다. 그러나 현대사회가 요구하는 실용적 글쓰기를 하기 전에 '나'의 탄생 관련 이야기를 정리해보는 것은 자신은 물론 가족을 비롯한 주변 분들에 대하여도 생각해 볼 수 있는 좋은 기회가 된다. '나'의 탄생과 존재가 귀중한 것처럼, 타인 역시 '나'와 같은 귀중한 존재라는 것을 이해하고 인정함으로써, '나'의 탄생은 타인과 세상을 온전히 이해하는 의미 있는 출발점이 되는 것이다

1) '나'의 탄생에 관한 질문

'나'의 탄생에 관한 질문은 '나'가 알아야 하거나 알고 싶은 것으로 구성하면 무난하다. '나'의 탄생의 의미를 탐구하는 과정과 연관된다면 좋다. 반드시 알아야 한다고 한 이유는 시간이 흐르면 알 수 없는 것이기 때문이다. '나'의 근원에 대해 알지 못하면서, '나'란 존재의 의미와 가치를 논한다는 것이 어찌 보면 말이 되지 않는다. 결국 '나'의 탄생을 정리한다는 것은 결국 '나'와 똑같은 존재로서의 타인에 대한 이해와 공감의 시작인 것이다. 그렇기에

이에 대한 정리는 필요하다.

• 부모님의 출생

_____

_____

• 부모님의 성장과정

_____

_____

• 부모님 만남의 계기와 에피소드

_____

_____

• 부모님의 결혼과 자신 및 형제자매의 탄생

_____

_____

2) 정리할 때 유의할 점

• 전제 조건 : 부모님과 대화를 통해 정리한다.
• 부모님의 탄생과 성장 과정을 압축하여 정리한다.
• 부모님의 인생관이 드러나도록 정리한다.
• '나'의 탄생 의미를 정리한다.
• 각 내용을 대표할 수 있는 작은 제목을 붙인다.
• 과정 전체를 대표할 수 있는 제목을 붙인다.

3. '나'에 대한 질문

'나'의 탄생 이야기를 정리하면서, 부모님의 삶과 '나'의 탄생의 의미를 다시금 확인하였다면, 이제는 새로운 단계로의 확장을 위해 본격적으로 '나'에 대해 알아가 보자.

손자병법에 나오는 "知彼知己면 百戰百勝"이라는 구절과 소크라테스의 "너 자신을 알라!(You know yourself!)"는 격언이 의미하는 바를 굳이 다시 설명할 필요는 없을 것이다. 그런데 여기서 드는 의문은 내가 '나'를 아는 것이 고대의 현인과 성인군자가 강조할 만큼 어려운 일인가 하는 것이다. 이는 아마도 우리에게 자신에 대하여 얼마나 알고 있는가를 점검해보라는 의미일 것이다.

언뜻 보면, '나'에 대해서 가장 잘 아는 사람은 분명 '나' 자신이라고 생각하게 된다. 정말 '나'에 대해 잘 알아야 한다. 그러기 위해서는 '나'에 대한 공부나 알아가는 시간이나 경험이 충분해야 한다. 그러나 진지하게 '나'에 대해 생각해본 사람을 찾아보기가 쉽지 않다. 뿐만 아니라 시간을 두고 차분하게 자신을 정리하다보면, 막상 '나'에 대해 분명하게 아는 것이 그리 많지 않음을 발견하게 된다.

일상의 삶에서 굳어진 '나'의 성격이나 행동거지, 삶의 패턴들에 대해서는 파악하고 있을 것이다. 그러나 막상 '나'의 현재와 미래에 대해 단정적으로 아는 것은 그리 많지 않음을 또한 발견하게 된다. 또한 지금까지 살면서 삶의 전환점이 될 만한 의미 있는 경험이나 사건에는 무엇이 있었는지에 대하여도 잘 알지 못하는 경우가 많다. 이러한 현상은 단지 시간이 흐름에 따른 자연스러운 현상이 아니다. 자신의 삶 자체에 대하여 의미부여를 하지 않는 삶의 태도가 단적으로 드러난 것일 뿐이다.

현대 사회는 독특하고 개성적인 방법으로 자신을 표현하는 다양한 방식을 강조하는 사회이다. 즉, 현대 사회 구성원 누구나 적극적으로 '나'를 알려야 하는 시대이다. 이런 맥락에서 보면, '나'를 표현하는 글쓰기는 '나'를 타인에게 알리는 것은 물론 타인을 알게 되는 것과 연결되어 있다. 그렇기 때문에 '나'에 대한공부와 탐색은 자기성찰일 뿐만 아니라, 궁극적으로는 타인과의 연결을 통해 인간과 세상에 대한 이해와 공감의 확장과 맞닿아 있는 것이다. 그래야만 진정성 있는 '나'의 진면목을 마주하게 되는 것이다.

이 장에서는 두 시각에서 '나'에 대한 질문을 하고자 한다. 하나는 '나'에 대한 개인적이고 기본적인 질문을, 다른 하나는 여러 전문가들이 자기 점검 항목으로 제시하고 있는 질문을 활용하고자 한다. 전자의 질문을 통해서는 개인적 차원의 사실에서, '나'의 근본적인 존재의 미를 정리해보고자 한다. '나'에 대해 당연히 알고 있어야 할 사실들은 그 자체로 의미가 있는 것이다. 수많은 시간이 흘러도 의미가 사라지거나 변화하는 것이 아니기 때문이다. 후자의 질문을 통해서는 '나'에 대한 인식을 보다 객관적이고 기술적인 상태로 정리하고자 한다. '나'의 성향과 가치관이 보다 중요한 문제가 될 것이다. 이 두 가지 관점에서의 자기정리는 '나'에 대한 인식의 폭을 넓혀, 자신의 발전 가능성을 분명하게 자각하는 계기가 될 것이다.

다음은 '나'에 대한 기본적인 질문들이다. 이 질문들에 대한 답변을 통해 자기정리를 해보자.

- 이름을 지어주신 분은 누구이며, 이름이 의미하는 바는?

- 본관은?

- 태몽은 무엇이고, 누가 꾸었는지?

- 부모님께서는 내가 어떤 사람이 되기를 원하시는가?

- 부모님께서 나로 인해 가장 행복했던 때는?

- 나에게 가장 큰 영향을 준 사람은? 그 이유는?

- 가장 기억에 남는 일은?

- 내가 가장 잘했다고 생각하는 일은?

- 가장 후회되는 일은?

이외에도 '나'에 대한 어떠한 질문들을 해볼 수 있는지 생각해보고 답변을 해보자.

질문:

답변:

아래의 항목들은 자기 정리를 위하여 일반적으로 사용하는 질문들이다. 이 질문들에 답하다 보면, 이제까지 몰랐던 혹은 더욱 명확해진 '나'의 모습을 발견할 수 있을 것이다. 이러한 모습 모두가 '나'인 것이다.

- 나는 다른 사람들의 비평을 잘 견뎌낼 수 있다고 생각하는가?

- 나는 남이 시키는 일을 할 때가 좋은가 스스로 알아서 할 때가 좋은가?

- 나는 여럿이 있을 때, 그들의 리더가 되기를 원하는가?

- 나는 여럿이 함께 일하는 것이 좋은가 혼자 일하는 것이 좋은가?

- 나는 사무실에서 일하는 것과 현장에서 일하는 것 중에서 어느 것이 좋은가?

- 나는 규칙적인 일이 좋은가, 아니면 새롭고 도전적인 일이 좋은가?

- 나는 (　　)와/과 함께 있을 때 가장 편하다(사람, 기계, 숫자, 책, 컴퓨터, 아이디어 중 택일).

- 나는 화가 날 때 (　　)을/를 한다. 그 이유는 (　　) 때문이다.

- 나의 장점은?

- 나의 단점은?

- 나의 단점을 고치기 위하여 나는 어떤 노력을 하였는가?

　위와 같은 질문들에 답을 하며 정리하다 보면, 어렴풋이 '나'의 모습을 만나게 된다. 이러한 자기정리는 '나'를 객관적으로 판단할 수 있는 최소한의 계기를 제공할 뿐이다. 이를 어떻게 정리하고 받아들일 것인가 하는 것은 전적으로 '나'의 문제다. 물론 이 과정을 거쳤다고 해서 '나'에 대한 모든 것이 뚜렷해지는 것은 아니다. 그러나 끊임없이 변화, 성장하고 있는 '나'에 대한 이해와 공감의 기회를 제공할 것이다.

4. '나'의 자기소개

일반적으로 자기소개의 글쓰기는 성품, 가치관, 대인관계, 미래에 대한 포부 등을 중심으로 기술한다. 한 개인이 어떤 성장과정을 거쳐 현재의 모습을 갖추게 되었으며, 어떤 가능성을 가지고 있는지를 보여주는 글이다.

그렇다고 해서 개인사를 장황하고 세세하게 쓰는 것은 피해야한다. 왜냐하면, 자기소개는 개인사를 소개하는 글이 아니기 때문이다. 자기소개를 쓰기 전에, 자기소개를 통해서 무엇을 전달하고 싶은지를 명확하게 하는 것이 좋다. 아울러 자기소개의 글을 읽는 입장에서는 무엇을 알고자 하는지를 파악하는 과정이 우선적으로 고려될 필요가 있다.

첫째, 기업이나 기관은 인재를 구하는 입장에서 지원자의 지원동기와 장래성을 본다. 지원자가 객관적으로 뛰어난 능력을 가졌다 하더라도 뚜렷한 지원동기와 목적의식을 갖추지 않은 사람이라면 선발하지 않는다. 뚜렷한 지원동기와 목적의식을 갖추지 못한 사람은 입사 후 자신의 일에 대한 성취감을 얻기 힘들고, 장래성까지도 보장할 수 없기 때문이다.

둘째, 지원자의 성장배경을 통하여 대체적인 성격과 인생관 등의 가치관을 파악한다. 자기소개를 정형화된 양식에 따라 쓴다고 하더라도 자기소개에는 개인의 개성이 드러나게 마련이다. 즉, 성장배경에 대한 기술은 개인사를 소재로 하여 작성하는 것이기 때문에 그 취사선택 과정에서 지원자의 단면이 드러나게 된다. 즉, 작성자가 중요하게 여기는 부분과 인상적인 경험 등을 통하여 지원자의 성격을 비롯한 전체적인 면모를 파악하게 된다.

셋째, 자기소개는 서류전형의 자료이기도 하지만 면접의 자료로 활용된다. 면접관은 입사 지원서(또는 이력서)와 자기소개서 등을 기본 자료로 하여 지원자의 자질과 담당 직무의 적절성 및 경력이 있는 경우 경력으로 평가할 수 있는 질문을 채택하는 것이 일반적이다. 이 때 자기소개서는 지원자에 대한 구체적인 정보와 그것이 적절하고 정확하게 표현되었는가를 평가할 수 있는 기본 자료로 면접관에게 제공된다.

1) 효과적인 자기소개서 쓰기

자기소개서를 작성하는 데 있어서 다음의 사항들에 주의하면 효과적적으로 작성할 수 있다.

가. 액션(action)형 동사를 많이 써라.

예전의 자기소개서에는 명사와 수치가 많았지만, 최근에는 자신의 실제 능력에 대한 표현이 많다. 전통적 자기소개서에는 무슨 학과(명사)에서 어떤 과목(명사)을 이수했으며 어떤 동아리(명사)에서 어떤 직책(명사)을 맡았는지 등이 주된 내용이었다. 그러나 최근의 기업들은 무슨 학과에서 어떤 학점을 받고 졸업을 하였는지 보다 그 과목을 통해서 어떤 능력을 얻었는가에 관심을 집중한다. 따라서 자기소개서 작성자들은 '나는 ○○프로젝트를 통해 문제 해결 능력과 자신감을 갖게 되었고(동사), ○○동아리에서 총무 역할을 맡음으로써 지도력뿐만 아니라 다양한 사람들과 커뮤니케이션을 원활하게 하는 능력을 키웠고(동사), ○○회사에 인턴십을 하면서 △△기술에 통달하였으며(동사), 팀워크 경험이 풍부하다(동사)' 등 체험을 통해 얻은 능력과 자질을 강조하는 내용의 자기소개서가 훨씬 더 설득력이 있기 때문이다.

자기소개서 작성에 있어서 이러한 흐름이 강조되는 이유는 정보와 기술이 엄청난 속도로 변화하는 현 시대에 기업에서는 현재의 변화에 능동적으로 대처하고 미래의 변화를 주도할 수 있는 인재를 원하기 때문이다.

나. 자신의 개성을 드러내라.

전통적 자기소개 방식은 거의 천편일률적인 경우가 많다. '언제, 어디서 태어났으며, 가족 관계는…'라는 식으로 시작한다면, 자기소개서를 읽는 사람의 흥미와 관심을 끌 수 없다. 그렇기 때문에 보다 효과적으로 자신의 개성을 드러낼 수 있는 방식을 찾을 필요가 있다. 예를 들어 자신만의 독특한 경험이나 인상적인 일화 등을 통해 자신의 개성을 드러낼 필요가 있는 것이다. 이는 곧 자신의 장점을 드러내는 것이기도 하다. 그러나 자기소개서 본래의 틀에서 벗어나서는 안 된다. 성장과정, 성격의 장단점, 학창 생활, 지원동기 및 포부 등 기본 항목은 충실하게 갖춰주는 것이 필요하다. 그리고 인상적이고 개성 있는 글을 쓰기 위해 상투적인 표현이나, 유행어, 비속어 등의 사용과 비문법적 문장 표현을 사용해서는 안 된다.

다. 균형 잡힌 시각을 유지하라.

자기소개서는 반드시 사실적인 내용을 바탕으로 균형 잡힌 시각을 필요로 하는 글쓰기이다. 그렇기 때문에 장황하게 자신의 장점만을 나열한다든지, 반대로 자신의 단점을 장점보다 더 많이 서술하는 것도 자기소개서 작성시 피해야 한다. 특히 단점은 심사자에게 부정적인 인상을 심어줄 수도 있기 때문에 자신의 단점을 기술할 때에는 매우 신중하고 주의 깊게 해야 한다. 따라서 자기소개서는 균형 잡힌 시각에서 자신을 서술하여, 상대의 공감을 얻을 수 있는 진솔한 표현이 중요하다.

라. 지원동기를 구체적으로 밝혀라.

지원동기는 자기소개서에서 가장 중요한 부분이라고 해도 과언이 아니다. 그러므로 지원동기는 지원하려고 하는 대상과 직접적인 연관이 있는 내용들을 구체적으로 서술하는 것이 중요하다. 지원동기가 불분명하면 지원자의 목표의식이나, 성취욕, 미래의 활동 계획 등의 평가항목에서 좋은 평가를 얻을 수 없다.

마. 추상적인 표현은 피하고, 일관성 있게 표현하라.

"뽑아 주시면 열심히 일하겠습니다."와 같은 표현은 대단히 추상적인 표현이다. 그리고 누구나 할 수 있는 말이기도 하다. 그렇기 때문에 읽는 사람에게 긍정적인 영향을 주지 못한다. 어떤 영역에서 어떠한 방식으로 열심히 하겠다는 것인지를 자신이 정리해둔 내용을 바탕으로 구체적으로 서술하는 것이 중요하다. 그렇다고 해서 모든 영역에서 모든 방식을 동원해서 열심히 하겠다고 표현하는 것은 일관성의 측면에서 보면 맞지 않을 수 있으므로 지원자가 꼭 하고자 하는 영역을 중심으로 서술하는 것이 좋다.

바. 문장을 가다듬고, 퇴고를 거쳐 완성하라.

좋은 내용을 쓰더라도 문법에 맞지 않는 문장을 사용하거나, 맞춤법, 띄어쓰기 등이 엉망이라면, 좋은 결과를 기대하기 어렵다. 또한 글의 문맥이나 문단구성이 제대로 되어 있지 않다면 더 큰 문제일 것이다. 지원자가 전달하려는 의미가 제대로 전달되지 못할 수도 있기 때문이다. 따라서 완성된 글을 여러 번 가다듬고, 다른 사람의 조언을 통해 수정할 필요가 있다. 이 과정에서 컴퓨터의 모니터 상으로 수정하는 것보다는 완성된 글을 출력하여 수정하는 것이 효과적이다. 출력하여 수정할 때 모니터 상에서 바로잡지 못한 부분을 새롭게 발견할 수도 있기 때문이다.

2) 자기소개서 항목별 기술

자기소개서를 작성하는 것은 다음과 같은 항목으로 구분하여 작성하는 것이 일반적이다.

가. 성장과정

최근 기업의 자기소개서 가장 변화가 심한 항목이다. 단편적으로 성장과정만을 쓰라고 하는 경우가 많지 않다. 그러나 이 글이 대학 신입생을 대상으로 한 것이고, 자신의 삶에 대한 전반적 성찰을 진행한 적이 드물기 때문에 성장과정에 대한 내용을 서술하는 것은 나름 의미가 있다. 이 때 주의해야 하는 것은 이야기의 시작이 현재로부터 너무 멀어서는 안 된다는 것이다. 어떤 학생들은 초등학교시절의 이야기부터, 심지어는 유치원의 이야기부터 시작하여 연대기적으로 서술하는 경우가 있다. 뿐만 아니라 자기 이야기를 하기보다는 부모님을 비롯한 가족들에 대한 이야기에 너무 많은 분량을 할애하여, 정작 자신의 이야기는 얼마 되지 않는 경우도 빈번히 볼 수 있다.

성장과정은 말 그대로 어떻게 현재에 이르게 되었는지를 확인하고 싶은 것이다. 어떻게, 어떤 이유로 현재의 품성이나 성격, 가치관을 지니게 되었는지 말이다. 이를 서술하기 위해서는 자신을 단적으로 대표할 수 있는 경험을 중심으로 이야기를 풀어가는 것이 좋다. 연대기적으로 경험을 늘어놓는 것보다 현재의 자신을 대표할 수 있는 이야기를 서술하고, 이에 대한 의미 부여의 과정을 거치는 것이 좋다. 경험을 강조한다고 해서 구체적 경험만을 늘어놓기만 하는 것도 좋지 않다. 왜냐하면 많은 경험을 한 것이 중요한 것이 아니고, 그 각각의 경험을 통해 어떠한 변화, 성장을 하게 되었는가 하는 것이 중요하기 때문이다. 그런 의미에서 자신의 경험이 어떻게 자신이 변화, 성장하는 계기가 되었는지를 서술하는 것도 좋다, 이런 맥락에서 본다면, 자신의 경험을 잘 정리해둘 필요가 있다. 다시 말해 경험에 대한 적절한 의미부여의 과정을 거칠 필요가 있다는 것이다. 이 과정이 바로 성장과정에 쓸 내용을 최종적으로 확정하는 과정이라고 봐도 무방하다.

나. 성격의 장·단점

이 항목도 아무 준비 없이 쓰기에는 상당히 벅찬 항목이다. 대부분의 학생들이 개념화된 표현을 통해 자신의 성격을 표현하고 있기 때문이다. 뿐만 아니라 자신의 성격을 드러낼 구체적 경험이 많지 않기 때문이기도 하다. 이 항목이 중요한 이유는 자기 조절 능력, 친화력, 발전 가능성 등을 단적으로 보여주는 항목이기 때문이다. 그래서인지는 몰라도 학생들이 그 어느 항목에서 보다 개념화되고 단정적인 어휘를 통해 표현하는 경우가 많다. 그것도 내용전개와 무관한 병렬 방식을 통해 표현하고 있다. 이렇다 보니, 서술한 항목만 놓고 보면 슈퍼맨이거나 뽑지 않으면 안 되는 아주 대단한 사람인 경우가 허다하다. 이러한 상황이다 보니 글의 진정성과 신뢰성이 약화되는 상황이 초래되기도 한다. 자신의 특징과 장점을 분명하게 돋보이게 할 수 있는 구체적이고 대표적인 경험, 일화를 확보할 필요가 있다. 아울러 자신에 대한 객관적이고 냉정한 평가를 통해 나 자신을 파악하고 있다는 점을 분명하게 보여줄 필요가 있다. 이는 단지 장점을 서술했으니까 자신의 단점도 서술해야 하는 것이 아니라, 앞으로의 변화, 발전 가능성을 파악하는 측면도 있음을 잊지 말아야 한다.

다. 학창생활

특별히 학창시절이라고 따로 항목을 설정한 경우는 많지 않다. 그럼에도 굳이 이 항목을 설정한 이유는 지식습득과 연마의 과정을 보다 구체적으로 표현함으로써, 발전의 가능성이 있다는 것을 보여주기 위해서이다. 강의를 통해서, 동아리 활동을 통해서, 공모전이나 경진대회를 통해서 지식을 습득하고 발전해가는 모습을 구체적으로 서술할 필요가 있다. 그리고 이 영역은 현재의 나와 시간적으로 밀접한 부분에 대한 서술을 하는 것이 좋다. 불가피하게 현재의 시점으로부터 먼 이야기를 서술할 필요가 있다고 판단된다면, 그 시점부터 현재에 이르기까지 내가 어떠한 영향을 받아 어떻게 변화, 성장해 왔는지를 반드시 서술해야 한다. 그렇지 않다면, 그것은 오로지 과거의 모습일 뿐, 현재의 나와는 아무런 상관성이 없을 수도 있기 때문이다. 이를 염두에 두어야 하는 이유는 시간의 흐름이 나를 포함한 모든 것을 변화하게 만들기 때문이다.

라. 열성적으로 임했던 활동

이 항목은 최근 많은 기업에서 강조하는 항목이다. 열성적으로 한 활동의 결과가 어떻든 상관없이 그러한 경험을 한 적이 있는가 하는 것에 초점을 두고 있다. 그 이유에는 여러 가지가 있겠지만, 목표를 세우고 도달하는 과정에서 겪은 어려움을 어떻게 극복하고자 노력했는가에 의미를 두기 때문이다. 원하는 결과를 얻었건 얻지 못했건 그 과정을 어떻게 겪었는가 하는 것이 주요한 관심사이다. 스스로의 동기부여를 통해 목표를 설정하고 이를 위해 어떠한 노력을 했는지 그리고 그 결과에 대한 적절한 피드백을 할 수 있는지 등이 주된 점검 대상이다.

마. 앞으로의 포부

학생들이 서술하기 제일 힘들어 하는 항목이다. 그 이유는 대학 입시에 초점을 맞추어 공부하느라 자신의 미래를 생각해 본 적이 없기 때문이다. 이와 관련한 또 하나의 문제는 학생들이 미래의 포부를 현실적이고 실제적인 목표에 맞추려고 하기 때문에, 사회 진출에 대해 혹은 자기 미래에 대해 생각해 본 적이 없는 학생의 경우 이야기를 풀어내는 것조차 쉽지 않다는 것이나. 이런 이유로 해서 이를 생략하거나 아니면 개괄적으로 처리하는 경우가 빈번하게 된다. 대학 신입생의 경우, 지원하는 기업 내에서의 미래의 포부를 묻기 보다는 자신이 만들고 싶은 미래의 모습을 설정하게 함으로써 적절한 학습 욕구나 동기를 제고하는 것이 의미가 있다고 생각된다.

　　　1. 내가 바라본 '나'는 어떤 사람인지 정리해보자.

2. '나'를 잘 아는 타인이 보는 '나'는 어떤 사람인지 정리해보자.

3. 다음 예문들을 읽고 평가해보자.

1) 산에서 배운 악바리 근성

8살 때, 등산을 좋아하는 아버지와 함께 산을 올라갔을 때입니다. 어린나이에 처음 접한 산은 오로지 오르막길만 있는 힘든 산이었습니다. 정상은 보이지 않았고, 올라갈수록 힘이 너무 들어 울고 싶었습니다. 아버지께서는 조금만 더 힘내라며 뒤에서 저를 응원해주셨습니다. 결국 어렵게 정상 끝까지 올라가게 되었고, 그곳에서 어린나이에는 표현 할 수 없는 뿌듯함을 느꼈습니다. 이렇게 어른이 되어서도 어릴 때 느꼈던 뿌듯함을 잊지 못해서 모든 일에 끈기를 갖게 되었습니다.

한라공조 또한 불모지와 다름없던 자동차 부품사업을 초기에는 배우는 과정에서 지치고 힘들었을 것입니다. 하지만 현재는 독자적인 기술기반을 확보하여 세계경제를 이끄는 장인의 기업이 되었습니다. 더 나아가 한라공조는 최고의 기술을 바탕으로 인간을 생각하고 사회에 풍요로움을 제공하고 있습니다. 이 과정에서 한라공조는 포기하지 않았습니다. 결국 한라공조를 한 분야에 장인의 위치로 만든 것은 끈기라 생각합니다. 그리고 한라공조의 포기 하지 않는 끈기는 저와 일치하는 부분입니다.

2) 농기계 A/S를 하시던 부모님 덕에 어렸을적 저의 장난감은 각종 농기계와 공구류였습니다.

아버지께서 농기계 수리하는 모습을 자주 지켜봤던 저는 분해/조립에 흥미를 느끼게 되었습니다. 초등학교 시절에 모형 비행기 대회, 과학상자 대회 등을 출전하며 공학도의 꿈을 키웠었습니다. 아버지께서는 특별한 지식과 기술없이 농기계 A/S를 시작 하셨습니다. 힘들게 기술을 습득 하셨던 아버지는 저에게 "너는 꼭 전문적으로 기술을 배워야 한다"라고 자주 말씀 하셨습니다. 그 말씀은 제 뇌리 깊숙이 자리하였고, 인생의 진로를 결정하는 초석이 되었습니다. 저는 기술을 배우기 전에 지식을 증명 시켜 놓기 위해 자격증 취득을 목표로 하였습니다. 고등학교시절부터 자격증 취득을 시작하였으며, 실업계 고등학교의 열악한 공부 분위기 속에서 3년간 6개의 자격증을 취득 하였으며, 현재는 국가기술 자격증 및 면허증을 포함하여 총 12개를 취득 하였습니다.

3) 자동차 조립한 아이, 이젠 전기자동차를 꿈꾸다

남자아이라면 한번쯤 자동차를 조립했던 적이 있을 것입니다. 손을 대지 않고, 모터로

차가 움직이는 모습을 보면서 신기했습니다. 이젠 대학생이 된 그 아이는 모터가 움직였던 장난감 자동차에서 전기로 움직이는 Hybrid자동차에 관심을 갖게 되었습니다. 현재 우리나라는 엔진과 전기모터를 병렬탑재방식으로 출발, 정속구간, 가속 시에 마다 엔진과 전기모터를 효율적으로 가동시키고, 감속 시에는 버려지는 운동에너지를 전기에너지로 변환시켜 배터리에 저장하는 방식입니다. 모든 자동차의 핵심은 모터와 엔진일수 있지만, 이들의 효율을 높이고, 안전성 있게 상호 연결시켜주는 것이 제 전공인 "전기 공학"이라 생각이 듭니다. Hybrid는 전공의이유만 아니라, 인간(Human)에게 풍요로움을 제공해 줄 수 있다고 생각해서 관심을 갖게 되었습니다. 그러기 위해서 이미 도입 실시한 선진국의 자료와 정보를 수집하고 정리 할 것입니다. 최신정보는 그 누구보다 빠르게 접하기 위해 필요한 외국어 이해능력을 향상 시키려 노력하고 있습니다.

4) 대범함과 포기를 모르는 끈기, 그리고 넘치는 체력은 자신 있게 내세울 수 있는 저만의 강점입니다.

도전을 두려워 않는 대범함으로 새로운 도전을 꺼리지 않고, 시작한 후에는 악바리 근성으로 결실을 만들어 냅니다. 체력유지를 위해 합기도를 시작하면서 쌍절곤으로 무술 대회에 출전하였습니다. 쌍절곤은 언제든 자신의 뒤통수와 팔뚝을 때릴 수 있어 집중력과 끈기를 요구하는 분야였지만, 저의 악바리 근성으로 결국 금메달을 목에 걸 수 있었습니다.

반면 사소한 것 하나하나를 걱정한다는 것과 한 가지 일에 대한 지나친 몰입, 쉽게 스트레스를 받는 것이 약점입니다. 이것은 작은 것 하나라도 지나침 없이 꼼꼼하고 세심하게 확인을 한다는 점에서 강점이 되곤 합니다. 또한 스트레스를 풀기 위한 저만의 해소 방법을 가질 수 있게 되었고, 등산과 요가를 즐기면서 동시에 체력도 향상시킬 수 있게 되었습니다.

5) 호기심으로 시작한 마술사

항상 명절날에는 TV에서 마술을 보여줍니다. 그곳에서 마술사의 행동에 관객들은 웃고 신비로워하는 모습을 보았습니다. 많은 사람들안에서 하나의 분위기를 만드는 광경이 신기 했습니다. 그리고 해보고 싶었습니다. 그래서 대학에 입학하자마자 마술을 익히기 시작했습니다. 쉽게 생각했던 마술은 상당히 어려웠고, 시간을 투자해서 노력해야 하는 것들이 많았습니다. 손바닥에 굳은살이 생기고, 심하지 않은 화상도 입은 적이 있습니다. 힘들었지만 1년 뒤 연습한 마술을 대학로, 강남역 등지에서 사람들에게 공연을 했습니다. 그리고 명절날TV에서 보았던 관객의 반응을 제 눈앞에서 보게 되었습니다. 이렇게 다른 사람들을 기쁘게 해주는 마술을 익힌 것에 대해 뿌듯함과 성취감을 느꼈습니다. 이러한 마술은 병역생활 중에도 사회복지시설의 무의탁 노인 분들과 아이들에게 기쁨을 주는 역할을 했습니다. 이렇게 저는 많은 사람들 앞에서도 긍정을 만들어가는 분위기 메이커 역할을 하게 되었습니다.

5. 미래의 기획, 로드맵

이 장에서는 대학생활, 더 나아가서는 미래의 삶에 대한 로드맵을 그려보는 것에 중점을 두고자 한다. 로드맵에 대해 논의를 하기 위해서는 로드맵에 대한 개념은 물론, 이와 밀접하게 관련 있는 미래, 기획의 개념에 대한 이해가 필요하다. 각 개념에 대한 논의를 시작으로, 로드맵, 미래, 기획이 서로 어떻게 어울려 가는지를 정리해보겠다. 표면상으로 세 개념은 각각 서로 이질적인 영역에 속한 개념으로 보인다. 그러나 세 개념의 이면에는 상당한 공통점이 존재한다. 그 공통점은 각각을 규정할 때 중심축으로 작동하게 된다.

1) 로드맵 Roadmap, 미래, 기획

먼저 미래를 출발점으로 삼아보자. 미래에 대한 사전적인 정의를 정리해보는 것을 시작으로 미래를 정리해보자. 미래란 단지 시간적 차원만을 강조하는 개념은 아닐 것이다.

- 미래의 사전적 정의

- 나에게 미래란

미래의 개념에 대한 정리와 미래에 대한 '나'의 생각을 정리해 보았다면, 이제는 대중적 개념인 로드맵과의 상관관계가 궁금해진다. 미래와 로드맵의 관계를 규정하기 위해서 먼저 로드맵의 개념을 정리해보도록 하자.

- 로드맵의 어원과 사전적 정의

- 로드맵이란 개념의 활용

로드맵은 오래전부터 우리 사회에서 사용하던 개념은 아니다. 그러나 2000년대 들어 광범위하게 통용되면서 시대적 특성을 반영하는 개념이 되어가고 있다. 그만큼 '로드맵'이 담고 있는 의미가 시대적 변화의 특성을 반영하고 있을 뿐만 아니라 미래지향적인 속성을 띠고 있는 역동성이 강한 개념인 것이다. 미래는 그 누구도 알 수 없고, 그 무엇도 정해져 있지 않기에, 우리를 안내해줄 지도를 필요로 하는 것이다. 그러므로 로드맵은 공동의 지도일 수도 있지만, 각 개별의 지도일 수도 있는 것이다. 우리 모두는 각자가 가고자 하는 길의 지도를 만들어야 하는 것이다.

이제 남는 것은 기획에 대한 이해이다. 우리 일상에는 생각보다 많은 곳에서 기획이라는 단어를 사용하고 있음을 알 수 있다. 그렇다면 기획이라는 단어가 들어간 표현들을 통해서 파악할 수 있는 기획의 의미는 무엇일지 일단 스스로 정리해보도록 하자.

일상에서 어렵지 않게 만나게 되는 단어이면서도 그 의미를 정확하게 알고 있지는 못하다. 그렇다면 먼저 우리 주변과 일상에서 '기획'이라는 표현이 사용되는 것에는 무엇이 있을까 찾아보는 것에서부터 시작해보도록 하자.

- 기획의 사용 사례

- 기획의 사전적 정의

이제 어느 정도 미래, 로드맵, 기획의 관계를 이해하게 되었을 것이다. 이를 기점으로 로드맵에 대한 구체적인 논의를 하도록 하자.

로드맵에 대한 논의를 위해서는 '나'를 표현하는 글쓰기를 통해 확보한 '나'에 대한 정보가 필수적으로 요구된다. 대체로 앞장에서 정리한 이야기들이 '현재의 나'에 이르는 과정에 중점을 두고 있다면, 대학생활 혹은 미래의 삶에 대한 로드맵은 말 그대로 '현재의 나'가 설정한 '미래의 나'를 어떻게 만들어가고자 하는지에 대한 이야기가 중점을 이루고 있다.

이런 맥락을 감안한다면, 로드맵을 기획하기 위해서는 앞장에서 정리한 이야기들과 유기적 연관성을 가질 수밖에 없다.

2) 로드맵의 구성 요소

로드맵을 구성하는 요소에 대해 알아보자. 로드맵의 구성요소가 절대적으로 정해져 있는 것은 아니다. 일반적으로 통용되는 것을 토대로 하여, 기존의 요소를 생략하거나 변경할 수 있고, 다른 요소를 첨가할 수도 있다. 로드맵의 기획 의도와 목적에 따라 다양한 방식의 구성이 가능하다.

가. 제목

반드시 제목을 정하자. 로드맵의 제목은 내용을 대변하기도 하면서 기획자의 의도와 목적, 방향성을 단적으로 보여주는 것이기 때문이다. 제목은 기획자의 의지와 지향성을 대표한다. 그러므로 너무 상투적이거나 추상적인 표현은 피해야 한다. 단어만으로 표현하기 어려운 경우가 대부분이라면 적절한 어구나 문장을 사용해도 무방하다.

나. 개요

로드맵의 핵심적인 내용, 즉 발표자의 핵심 내용이 분명하게 드러나도록 제시한다. 가능하면 일반적인 서술의 형태가 아니라 핵심어(key word)를 구조화하면서, 짧고 분명하게 표현하는 것이 효과적이다. 개요는 청중들이 이후 본격적인 로드맵 내용에 대해 집중할 수 있도록 유도하는 기능을 한다는 점에서 중요하다.

다. 목차

목차는 중요한 요소다. 목차는 청중에게 대략 발표 내용이 어떻게 전개되는지를 알려준다. 그렇기 때문에 목차는 내용 간의 유기적인 관계를 통해 설정되어야 한다. 단순히 병렬적으로 구성하거나 아무 상관없는 내용들을 앞뒤로 배치하는 것은 내용의 전개를 가로막는 훼방꾼이다. 내용의 전개를 대표할 수 있는 핵심어를 중심으로 목차를 구성해보자. 각 장마다 자신의 주안점을 중심으로 하여 개성적이고 독특한 목차를 구성하도록 하자. 단순히 연도별, 학년별, 학기별로 목차를 구성하는 것은 지루하고 목차를 구성한 의미가 별로 없다.

라. 본문 내용

대학생활의 핵심 내용을 한 번에 모두 표현하는 것은 어렵다. 적절하게 몇 개의 큰 영역으로 나누어 구성하는 것이 좋다. 그래야 청중도 집중하기 쉽고, 이해하기 쉽다. 내용 구성에 있어서 주의할 것은 첫째, 자신의 미래에 대해 반드시 생각해보아야 한다는 것이다. 꿈이 무엇인지, 목표가 무엇인지 구체적이고 명확하지 않아도 된다. 혹은 여러 가지의 꿈과 목표를 가지고 있어도 문제될 것은 없다. 그리고 꿈과 목표가 아직 없어도 좋다. 이제부터라도 자신의 꿈과 목표를 탐색하면 되기 때문이다. 둘째는 거의 대개의 학생들이 학업을 중심으로 한 각종 공부에 대한 내용을 주로 제시하고 있다는 점이다. 학생으로서 당연한 일이긴 하지만, 그러다 보니 거의 발표내용이 비슷하고, 개인의 특성이 거의 드러나지 않는다는 문제가 있다. 셋째는 각 시기에 강조하거나 반드시 해야 할 일들을 중심으로 정리할 필요가 있다는 것이다. 이 때 각 장에서 추구해야 할 목표를 제시하고 이를 구체적으로 실천해갈 방안도 마련해 보도록 하자. 마지막으로 강조하고자 하는 것은 자신만의 개성이 드러나는 로드맵이 될 수 있도록 구성해야 한다는 점이다.

마. 마무리

로드맵을 준비하는 과정에서 느낀 점을 정리하도록 한다. 그리고 참고한 자료나 도움을 받은 이가 있다면, 이를 제시하도록 한다.

실습문제

1. 미래, 로드맵, 기획의 상관성에 대해 정리해보자.

2. 대학생에게 로드맵에 대한 기획은 왜 중요한지에 대해 정리해보자.

3. 각자가 발표한 로드맵에 대해 이야기 해보자.

친구로서 해주고 싶은 말이 있어. (O)

친구로써 해주고 싶은 말이 있어. (×)

이게 웬 날벼락이야? (O)

이게 왠 날벼락이야? (×)

내일은 학기말 시험을 치르는 날이다. (O)

내일은 학기말 시험을 치루는 날이다. (×)

오늘 몇 월 몇 일이야? (×)

오늘 몇 월 며칠이야? (O)

와, 너 진짜 어이없다. (O)

와, 너 진짜 어의없다. (×)

그는 건강을 위하여 담배를 삼가기로 했다. (O)

그는 건강을 위하여 담배를 삼가하기로 했다. (×)

네가 말한 데로 이렇게 하는 거구나. (×)

네가 말한 대로 이렇게 하는 거구나. (O)

내로라하는 사람들이 모두 실패했다. (O)

내노라하는 사람들이 모두 실패했다. (×)

내일 다시 올게. (×)

내일 다시 올게. (○)

윗어른의 말씀은 잘 새겨들어야 한다. (○)

윗어른의 말씀은 잘 새겨들어야 한다. (×)

이따가 단둘이 있을 때 이야기하자. (○)

있다가 단둘이 있을 때 이야기하자. (×)

약을 먹은 효과가 금세 나타났다. (○)

약을 먹은 효과가 금새 나타났다. (×)

아이들은 BTS를 서로 보려고 밀치며 야단법썩이었다.

아이들은 BTS를 서로 보려고 밀치며 야단법석이었다. (○)

승원이네 집은 산 너머에 있다. (○)

승원이네 집은 산 넘어에 있다. (×)

오늘은 웬지 기분이 좋아. (×)

오늘은 왠지 기분이 좋아. (○)

그만큼 실패률이 높은 것은 당연한 일이다. (×)

그만큼 실패율이 높은 것은 당연한 일이다. (○)

지금이라도 선뜻 벽을 떠나 지그시 감은 눈을 뜨고 빙그레 웃을 듯. (○)

지금이라도 선뜻 벽을 떠나 지긋이 감은 눈을 뜨고 빙그레 웃을 듯. (×)

열심히 공부를 하였으나 모두가 허탕이었다. (○)

열심히 공부를 하였으나 모두가 허탕이었다. (×)

그런 일은 애당초에 거절을 했어야지. (○)

그런 일은 애시당초에 거절을 했어야지. (×)

동규는 옆방에서 수근거리는 소리에 귀를 기울였다. (×)

동규는 옆방에서 수군거리는 소리에 귀를 기울였다. (○)

종일 마음이 엇짢았다. (×)

종일 마음이 언짢았다. (○)

그 시험에 간신히 통과했다. (○)

그 시험에 간신이 통과했다. (×)

기차가 출발하니 여행에 대한 흥분과 설렘이 다가왔다. (○)

기차가 출발하니 여행에 대한 흥분과 설레임이 다가왔다. (×)

그는 윗옷으로 코트 하나만 걸치고 나갔다. (×)

그는 웃옷으로 코트 하나만 걸치고 나갔다. (○)

주영이는 허위대가 좋으면서도 환절기마다 감기에 걸려 고생한다. (×)

주영이는 허우대가 좋으면서도 환절기마다 감기에 걸려 고생한다. (○)

아버지의 귀밑머리가 하얗게 세었다. (○)

아버지의 귓머리가 하얗게 세었다. (×)

장사하는 사람들은 오유월만 빼고는 매월 초사흘에 장독대에 고사를 지낸다. (×)

장사하는 사람들은 오뉴월만 빼고는 매월 초사흘에 장독대에 고사를 지낸다. (○)

우체국 위쪽에 보이는 건물이 우리들의 목표물이다. (○)

우체국 윗쪽에 보이는 건물이 우리들의 목표물이다. (×)

신생 중소기업이 선두를 유지하던 대기업을 재쳤다. (×)

신생 중소기업이 선두를 유지하던 대기업을 제쳤다. (○)

강 선생님께서는 내가 하는 역할에 최선을 다하라고 일깨어 주셨다. (×)

강 선생님께서는 내가 하는 역할에 최선을 다하라고 일깨워 주셨다. (○)

트럭이 우리 집 담을 부셔 놓은 일까지 있을 정도이다. (×)

트럭이 우리 집 담을 부숴 놓은 일까지 있을 정도이다. (○)

예쁜 우리 조카의 돌이 바로 오늘이다. (○)

예쁜 우리 조카의 돐이 바로 오늘이다. (×)

나경이의 얼굴은 해쓱해져 있었다. (○)

나경이의 얼굴은 핼쓱해져 있었다. (×)

설렁탕을 빛내는 것은 역시 깍두기이다. (×)

설렁탕을 빛내는 것은 역시 깍두기이다. (○)

하루라도 인스타그램을 보지 않으면 입 속에 가시가 돋친다. (○)

하루라도 인스타그램을 보지 않으면 입 속에 가시가 돋힌다. (×)

아침도 굶은 채로 석굴암을 향해 또다시 걸음을 옮기었다. (○)

아침도 굶은 체로 석굴암을 향해 또다시 걸음을 옮기었다. (×)

내 마음 속을 들어내 보일 수도 없고 답답하다. (×)

내 마음 속을 드러내 보일 수도 없고 답답하다. (○)

바빠서 그 모임엔 얼굴이나 비치고 와야겠다. (○)

바빠서 그 모임엔 얼굴이나 비추고 와야겠다. (×)

이번 학기에는 성적이 남들보다 뒤쳐졌다. (×)

이번 학기에는 성적이 남들보다 뒤처졌다. (○)

남의 작품을 본떠 그린 그림은 예술적 가치가 없다. (○)

남의 작품을 본따 그린 그림은 예술적 가치가 없다. (×)

04

글쓰기의 실제

윤혜영, 정수현

글쓰기의 실제

　현대사회에서 '보고서' 작성과 '기획', '프레젠테이션'은 더 이상 전문가의 전유물이 아니다. 가령, 학교 동아리나 학생회가 축제에서 '학과 부스'를 운영하거나 초청 공연 등 행사를 진행하려 한다면, 선행되어야 하는 것이 '기획'일 것이다. 그런데 실제로 이러한 행사를 기획하는 이들은 특별한 전문가가 아닌 학생들이다. 또한 학습의 결과물을 정리하여 제출하는 '보고서'는 모든 학생들이 작성하고 나아가 직장인이 되어서도 수행해야 하는 중요한 업무이다. 우리는 '기획'처럼 '프레젠테이션'도 누구나 어디에서나 할 수 있는 시대에 살고 있다. 강당에서 빔 프로젝트를 사용해 실행하던 '프레젠테이션'에서 나아가, 이제는 카페에 앉아서 노트북이나 태블릿 PC를 가지고도 '프레젠테이션'을 할 수 있다.

　요즘 기관이나 기업에서는 요약 잘 하는 사람, 보고서 잘 쓰는 사람, 기획을 잘하는 사람, 기획서 잘 쓰는 사람, 아이디어가 좋은 사람, 프레젠테이션을 잘하는 사람을 구분해서 채용하지 않는다. 그들은 한 분야의 능력자를 떠나, 요약 능력, 보고서 작성 능력, 기획력, 기획서 작성 능력, 창조력, 프레젠테이션 능력을 모두 갖춘 인재를 원한다.

　본 장에서는 요약하기, 보고서, 기획서 작성과 관련된 이론적 바탕 아래 효율적인 프레젠테이션 방법들을 익힐 수 있도록 한다.[1]

---

1) 김장원, 서유석, 윤혜영(2013), 『다매체시대의 글쓰기』, 도서출판 역락, 199~200p.

1. 요약하기

1) 요약하기의 중요성

글을 읽는 일은 학문 활동의 기초일 뿐만 아니라 이를 적용하는 표현하는 실용적 적용의 기초 단계라고 할 수 있다. 글을 읽는 과정에서 우선적으로 필요한 능력은 글을 효과적으로 읽는 것이다. 발췌를 해서 읽을 수도 있고 시간에 맞추어 빠르게 읽을 수도 있다. 그러나 그 글을 잘 읽고 얼마만큼 이해했는지는 그 당시에는 명확해 보이지만 시일이 지나고 나면 그 기억이 흐릿해지곤 한다. 그렇기 때문에 습득한 정보와 지식을 일상에 적용하는 편에서는 글을 읽고 중요한 사항들을 중심으로 요약하고 메모하는 일은 우리에게 큰 도움이 된다.

책과 매체를 통해 보거나 읽은 내용을 요약해 두는 일은 자신이 알게 된 지식을 장기적으로 보관하여 숙지할 수 있게 하고 이러한 과정이 스쳐 지나가는 것일지 모를 지식과 정보를 자신의 것으로 만들어 가는 일이다. 요즘은 매체를 통해 동영상으로 많은 정보들을 접한다. 동영상의 특성상 얻은 정보를 흘려보내는 일이 생길 수밖에 없다. 이때에도 메모하기와 요약하기는 매우 중요한 기능을 한다. 특히 우리에게는 서적논문 등 수업 중 필수적으로 읽어야 할 문헌이 많은 경우나 세미나 방식의 강의에 꼭 필요한 활동이다. 간혹 '요약하기', '발제'라는 명칭으로 과제를 부여받는 경우도 있는데 이는 글의 요지 파악 능력, 문장력을 신장시키기 위해 부여되는 과제로 생각할 수 있다.

2) 요약문 쓰기의 방법

자료를 정리 방법은 대강 메모하는 방법과 요약문을 써 두는 방법이 있다. 자신이 가지고 있는 자료의 경우에는 자료에 줄을 치고 그 옆에 메모하는 것도 좋겠다. 그러나 그렇지 않다면 요약문을 꼼꼼히 써 두는 것이 좋다. 이때, 자신에게 자료가 없는 경우에는 최대한 그대로 적어 두는 것이 좋으며 메모나 요약하는 과정에서 자신의 의견이 들어갈 수도 있으니 요약한 내용과 자신의 의견은 구별하여 써 놓는 것이 좋다. 그리고 잊지 말고 출처도 자세히 적어 놓자.

요약하기 과정에서 중요한 것은 해당 글의 핵심을 찾는 것이다. 따라서 핵심을 찾는 일에 귀찮아하지 말고 정성을 들여야 한다. 아주 짧은 글은 한눈에 훑어 읽어 주제와 핵심을 파악할 수 있기도 하지만 대부분의 글은 그렇지 않다. 긴 글일수록 정독을 하면서 글의 내용과 주제를 파악하고 핵심어나 중심 문장을 표시하면서 전체적인 흐름을 파악하는 것이 중요하다. 요약해야 할 내용의 흐름을 대략적으로 파악하였다면 표시한 부분을 다시 한번 살펴보면서 불필요하다고 판단되는 부분, 예를 들어 과도한 수식 때문에 의미가 모호하게 해석되는 표현이나 주된 사건이나 내용과 거리가 있는 내용 등 글의 주제를 설명하는 데에 꼭 필요하지 않은 부분들을 지워 가면서 요약한 글을 정리해 나간다. 대강 요약을 한 후 글의 종류에 따른 흐름을 이해하는 것도 중요하다. 예를 들어, 주장하는 글을 읽은 후 한 요약이라면 그 글에서 주장하는 바는 무엇인가, 그 근거는 무엇인가를 구분해 보는 일도 필요하다. 글을 요약할 때는 한 번에 모든 일을 마치려고 하면 오류가 생길 수 있다. 따라서 글을 한 차례 줄인 뒤에 한 번 더 줄여 보는 것이 좋겠다.

(1) 요약문 쓰기의 요령과 순서[2]

① 요약할 글 전체를 빠르게 훑어보며 글 쓴 사람의 의도와 목표를 짐작해 본다.
② 글쓴이의 중심된 생각이나 의도를 가장 잘 담고 있는 주제 문장을 1개 이상 골라본다.
③ 선택한 주제문을 중심으로 글 전체를 다시 한 번 느리게 읽는다.
④ 글 전체를 천천히 읽으면서 각 문단의 주제문을 찾는다.
⑤ 각 문단의 주제문을 분류하여 글을 처음, 중간 끝으로 나누어 정리한다.
⑥ 중복되는 내용이나 중요하지 않은 내용은 삭제하며 한 편의 완결된 글로 완성한다.

(2) 요약문 쓰기의 유의점

① 개인적인 견해나 새로운 내용을 추가해선 안 된다.
② 내용을 꼼꼼히 확인해야 한다. 자신의 견해는 아닌지 확인한다.
③ 내용 중에서도 글쓴이의 추측을 요점으로 파악하지는 않았는지 확인한다.
④ 도표나 그래프 등은 따위는 배제하고 이에 대한 해석을 남겨 둔다.

---

2) 김진희 외(2012), 『단계별로 익히는 실전 글쓰기』, 도서출판 역락. 155~156p.

　　"요약하기의 중요성" 본문 내용을 요약해 보자.

2. 보고서 쓰기

1) 보고서란 무엇인가

보고서란 어떤 단체나 조직에서 문서로 제출하는 커뮤니케이션 수단이다. 단체나 조직에 따라 보고서의 형식은 차이가 있을 수 있으나 보고하는 모든 글들을 포함하는 개념이다. 대학이나 대학원에서의 보고서는 수업과 관련하여 학생이 교수에게 제출하는 문서이며, 일반 직장에서의 보고서는 개인이나 부서에게 주어진 고유 업무와 관련하여 상사나 간부에게 제출하는 문서이다. 그 외 전문 연구소나 조사 기관 등에서의 보고서는 주어진 주제에 관하여 조사, 실험, 관찰, 연구, 분석한 후 언론에 공개하거나 관계 기관 등에 제출하는 문서를 말한다.[3]

대학과 대학원에서 학생들이 작성하는 다양한 종류의 글들을 일반적으로 모두 보고서라 말하고 있지만, 대학생들이 작성하는 보고서는 기본적으로 특정한 주제에 대한 학술적 자료를 수집하고 정리하여 보고하는 글들을 가리킨다고 할 수 있다.[4]

보고서는 학생들의 학습 노력이나 연구 능력 등을 판단하는 근거가 되기도 하고, 공공기관

---

3) 건국대학교 글쓰기연구회(2006), 『글쓰기의 기술 _ 실용편』, 도서출판 파미르, 289~290p.
4) 한라대학교 교양교직과정부(2010), 『다매체 시대의 실용적 글쓰기』, 동일출판사. 97p.

에서 업무를 수행하는 데에 도움을 주기도 하고, 경영진이 경영 판단의 기초 자료로 활용하기도 하며, 연구자들이 참고 자료로 이용하기도 하므로 매우 중요한 문서이다.[5]

2) 보고서의 유형[6]

보고서의 유형은 크게 '연구 보고서, 조사 · 답사 보고서, 실험 · 관찰 보고서, 감상 보고서' 등으로 나누어 볼 수 있다.

(1) 연구 보고서

특정 문제와 현상에 대하여 심도 있게 분석한 내용을 담은 보고서이다. 연구 보고서는 그 형태가 논문과 유사하며 논문의 체계와 격식을 모두 갖추어 작성하는 경우가 많아 '논문 작성법'을 잘 알아두어야 한다. 특히 참고한 자료를 인용하거나 주석을 붙이는 방법, 참고 문헌을 작성하는 방법 등은 논문 작성법에 따른다. 주석, 참고문헌 작성 방법은 '보고서 작성 절차'에서 설명하기로 한다.

연구 보고서는 단순히 조사 또는 관찰한 내용을 정리하는 것이 아니라 작성자의 판단이나 의견이 중요하므로 연구 주제에 대한 깊이 있는 고찰이 요구된다. 대학이나 대학원에서는 대체로 중간이나 기말 시험을 대체하여 연구 보고서를 제출하는 경우가 있다. 이러한 경우 연구 주제는 포괄적으로 제시될 수 있으므로 작성자는 주제를 보다 구체적으로 한정하여 진행하여야 한다.

연구 보고서는 '연구 목적, 연구 대상, 연구 방법, 연구 과정, 연구 결과' 등으로 구성되며 상황에 따라 항목이 추가되기도 하므로 상황에 맞추어 보고서에 포함시킬 항목을 결정해야 한다.

(2) 조사 · 답사 보고서

어떠한 특정 목적을 가지고 조사 대상의 실태와 정확한 사실을 정리하거나 현장을 방문 · 답사한 후 그 결과를 정리해 놓은 보고서이다. 설문 조사 보고서, 답사 보고서, 발굴 보고서,

---

5) 건국대학교 글쓰기연구회(2006), 『글쓰기의 기술 _ 실용편』, 도서출판 파미르, 290p.
6) 건국대학교 글쓰기연구회(2006), 『글쓰기의 기술 _ 실용편』, 도서출판 파미르, 290~302p.

시장 조사 보고서, 기업 신용 조사 보고서 등 다양하다. 조사·답사 보고서는 목적에 따라 항목이나 방법은 다를 수 있으나 일정 계획과 관련 자료의 취사선택이 중요하다.

조사 보고서는 소속 기관 또는 개인에 따라 차이가 있을 수 있으나 '조사 목적, 조사 대상과 방법, 조사 항목, 조사 결과, 조사 결과에 대한 견해' 등으로 구성되며, 조사 결과는 도표나 그래프로 작성하고 자세한 내용은 자료로 첨부해야 한다.

답사 보고서는 '답사 목적, 지역이나 기관 선정 이유, 선정된 지역 정보, 답사 일정과 방법, 답사 인원 구성, 결과 분석, 답사 결과와 자료 첨부, 소감 또는 후기' 등으로 구성된다. 또한 답사하면서 기억해 둘 만한 사항을 후기에 남김으로써 이후 연구자들에게 도움이 될 정보를 제시하는 것도 중요하다.

(3) 실험·관찰 보고서

관찰이나 실험 수행과 관련된 전반적인 내용을 문서로 작성한 보고서이다. 실험 보고서는 과학기술 전문가나 이공 계열 학생들이 가장 많이 작성하는 문서로 과학기술보고서라고도 한다.

실험·관찰 보고서는 '실험 목적, 실험 관련 이론, 실험 장치와 재료, 실험 방법과 절차, 실험 결과 및 고찰, 결론' 등으로 구성된다. 보고서를 작성하기 위해서는 실험에서 참고할 이론과 실험을 통하여 얻고자 하는 결과에 대하여 사전에 충분히 조사하고 검토하는 것이 중요하다.

실험(관찰)을 할 때에는 실험(관찰)일지 또는 실험노트를 작성하는 것이 바람직하다. 실험(관찰)이 끝난 후에는 그러한 실험일지 또는 실험노트를 바탕으로 그 실험 결과를 분석하면서 실험·관찰 보고서를 작성해야 한다. 결과를 정리할 때에는 동일한 결과라도 표시 방법에 따라 다르게 판단될 수 있으므로, 알리고자 하는 주요 내용을 효과적으로 전달할 수 있도록 그래프 작성 방식에도 주의를 기울인다. 또한 실험 결과에는 실험자의 견해와 생각도 포함되어야 한다.

(4) 감상 보고서

학생이 제출해야 하는 과제물 중에는 '독서 감상문, 연극·영화 감상문, 전시회 감상문'

등 다양한 감상문이 있다. 이러한 감상문이 수필이 아니라 보고서로 작성되어야 하는 경우 주의할 사항이 있다. 보고서로 작성하는 감상문은 서정적인 정서에 지나치게 치우쳐서도 안 되지만 설명과 분석으로만 채워서도 안 된다. 감상문이라고 해도 보고서인 만큼 다양한 자료를 참조하여 지적인 면모를 갖추는 것이 좋다. 따라서 감상문은 대상에 대한 이해와 작품 분석, 그리고 작품이나 기존의 평가 등에 대한 비판적 견해를 포함시켜야 한다.

독서 감상문은 어린 시절 썼던 독후감과 같이 작가 소개와 줄거리를 정리하고 간단한 느낌을 서술하는 것이 아니다. 작가 소개 내용에는 지나치게 학력이나 수상 경력 중심으로 작성하기 보다는 작가의 창작 관련 특성을 살펴 접근하는 것이 좋다. 또한 줄거리는 간략해야 하며 해설서나 인터넷 자료를 그대로 쓰지 말고 학생 스스로 작성해야 한다. 대상 작품에 나타난 작가의 가치관을 분석하거나 작품의 주제가 오늘날 어떤 의미가 있는지 생각해 보는 것도 중요한 과정이다. 작품의 위상이나 가치에 대해서 전문가들이 제시한 평가에 대한 자신의 견해를 제시하는 것도 필요하다.

감상문은 기회가 된다면 대상 작품을 여러 번 반복해서 보는 것이 가장 좋다. 볼 때마다 떠오르는 이미지, 생각, 궁금한 점 등을 메모해 두면 보고서 작성에 큰 도움이 된다. 보고서로 제출하는 감상문 작성은 학업 과정 중 하나라고 할 수 있으므로 진지하게 임하여 노력해야 한다.

3) 보고서의 작성 절차[7]

보고서 작성 과정은 '주제 정하기, 자료 수집하기, 구성하기, 보고서 쓰기, 고쳐 쓰기'의 5단계이다. '주제 정하기, 자료 수집하기, 구성하기'는 보고서 계획 단계라 할 수 있고, '보고서 쓰기'는 집필 단계, 마지막 '고쳐 쓰기'는 수정 단계라 할 수 있다.[8]

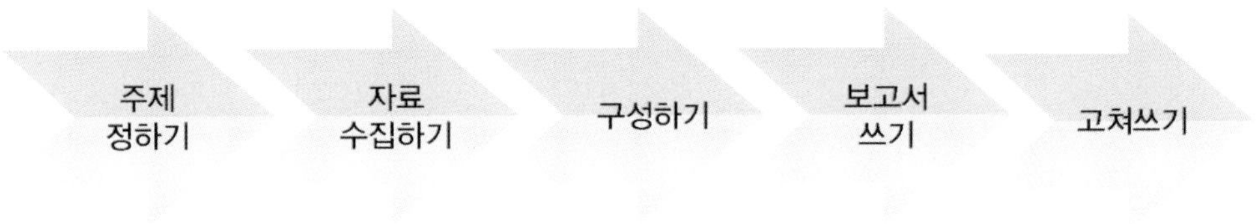

주제
정하기 ▶ 자료
수집하기 ▶ 구성하기 ▶ 보고서
쓰기 ▶ 고쳐쓰기

[그림 1] 보고서 작성 과정

---

7) 건국대학교 글쓰기연구회(2006), 『글쓰기의 기술 _ 실용편』, 도서출판 파미르, 302~308p.
8) 김명우 외(2013), 『사고와 표현-인문사회 계열』, 도서출판 역락. 189~190p.

(1) 주제 정하기

보고서는 앞에서 살펴본 바와 같이 여러 유형이 있다. 주제를 정하기 위해서는 자신이 작성해야 하는 보고서의 성격을 확실하게 파악하는 것이 중요하다. 주관적 견해를 필요로 하는 보고서를 작성해야 하는데 자료 정리 수준의 보고서를 제출하거나, 실험 결과 정리나 논저 요약만을 요구하는 보고서를 작성해야 하는데 작성자의 판단이나 의견이 개입된 보고서를 제출한다면 재작업을 해야 하는 일이 생길 수도 있다.

대학이나 대학원에서 학생들이 제출해야 하는 보고서의 주제는 정해진 경우도 있고 학생이 직접 선정해야 하는 경우도 있다. 정해진 주제가 포괄적이고 추상적이라면 구체적으로 확정해야 하는데, 이 때 학생은 과제를 제시한 교수의 의도, 학생의 작성능력, 보고서의 규모, 주어진 시간, 참조할 자료의 유무 등을 고려하여 결정하는 것이 바람직하다. 또한 자유로운 주제로 직접 선정해야 하는 경우에는 작성자 스스로가 확정한 주제에 대한 선정 이유를 밝히는 것이 좋다.

(2) 자료 수집하기

주제의 방향을 잡아 글을 쓸 수 있는 주제를 확정했다면, 자신의 주제를 입증할 수 있는 자료를 충분히 수집해야 한다. 주제가 명확하다고 하여 그 글이 신빙성을 가질 수 있는 것은 아니다. 주제를 뒷받침하는 자료가 믿을 만하고, 다양하고 풍부하며, 더 나아가 주제를 입증하는 데 적합한 것이어야 한 편의 글은 신뢰성을 가지고 독자에게 다가설 수 있다.[9]

자료를 찾을 때에는 먼저 개론서나 개설서를 통해 목록을 작성해 보는 것도 좋은 방법이다. 그것을 토대로 최근의 자료까지 찾아보고 자료에 잘못된 부분은 없는지, 도용된 부분은 없는지, 누락된 것은 없는지 살펴보아야 한다. 또한 자료를 보면서 인용할 만한 내용은 요약이 아니라 발췌를 하여 원문 그대로 적어 두어야 한다. 그리고 서지사항과 발췌한 부분의 페이지까지 정확하게 기재해 두어야 한다. 이는 보고서에 인용문을 넣을 경우 출처를 밝혀야 하며 출처를 밝히지 않는 경우 표절이 되기 때문이다. 서지사항은 보통 단행본의 경우는 '저자명(출판연도), 책제목, 출판사'를 적어야 하고, 학술 논문 및 보고서는 '저자명(간행연도), 논문제목, 게재지명, 권호수, 쪽수'를 적는다.

---

9) 김창원, 서유석, 윤혜영(2013), 『다매체시대의 글쓰기』, 도서출판 역락, 135p.

◎ 도서관 이용법

보고서 작성에 필요한 자료로는 조사, 실험, 관찰 등에서 얻는 것 외에 보고할 내용과 관련된 참고문헌이 있다. 이러한 문헌조사는 말 그대로 그간 많은 사람들이 문헌으로 쌓아둔 선행된 연구 결과들을 조사하는 것이다. 문헌조사의 대표적인 방법은 도서관을 이용하는 것이다. 인터넷 블로그와 같이 개인의 주관이 강해서 신뢰성이 떨어지는 자료보다 도서관의 데이터베이스(DB)를 통해 얻은 자료의 신빙성이 더 높음을 잊어서는 안 된다.[10]

문헌 자료는 직접 도서관에 찾아가서 열람할 수 있는 자료들을 눈으로 확인한 후 대출 또는 복사하여 수집하기도 하며, 인터넷을 이용하여 도서관의 자료를 확보할 수도 있다. 각 대학의 도서관 홈페이지에는 원문이 제공되는 시스템이 있어 보다 전문화되고 신뢰할 수 있는 자료를 검색하여 찾아 사용할 수 있다.

[그림 2] 한라대학교 도서관 홈페이지

---

10) 김장원, 서유석, 윤혜영(2013), 『다매체시대의 글쓰기』, 도서출판 역락, 136p.

검색 방법은 한라대학교 도서관 홈페이지에 들어가서 로그인을 한 후 [전자자료 검색] 메뉴로 들어가면 국내DB를 비롯하여 다양한 전자자료가 구비되어 있다. 온라인 DB는 학술지 논문의 원문과 서지사항 등을 DB로 구축하여 서비스하는 사이트이며, 그 중에서 자신이 원하는 정보제공 사이트를 선택하여 들어가 검색어로 다양한 전문 자료를 손쉽게 다운로드 할 수 있다.

◎ 그 외 자료수집

도서관 홈페이지 외에도 인터넷을 이용하여 자료수집에 도움을 받을 수 있는 사이트는 많다. 여기에서 언급하는 인터넷 사이트는 개인의 블로그나 카페가 아니라 '국가전자도서관, 국립중앙도서관, 학술연구정보서비스' 등의 연구자료 수집 대표 사이트를 말한다.[11]

직접 가서 눈으로 확인하거나 인터뷰 등을 자료로 쓸 수도 있다. 이런 경우 사진이나 녹취가 가능한 카메라 또는 녹음기와 필기구를 준비하고 사진 촬영과 녹취는 인터뷰에 응하는 분에게 반드시 양해를 구해야 한다.

연구자료 수집 대표 사이트

기관명	설명	웹주소
국가전자도서관	국내문헌목록정보와 학술자료 200만 종 본문을 DB로 구축하여 제공	http://www.dlibrary.go.kr
국립중앙도서관	국내외 학술자료 전반	http://www.nl.go.kr
국회도서관	전자도서관 자료 제공	http://www.nanet.go.kr
학술연구정보서비스	국내외 학술지, 학위논문, 전자책, 연구보고서 등 제공	http://www.riss.kr
Dbpia	국내 학술지 전자저널, 전자논문, 전자책 제공	http://www.dbpia.co.kr
KISS(한국학술정보)	국내 학술지 전자저널 제공	http://kiss.kstudy.com

---

11) 김장원, 박선경, 윤혜영(2018), 『사고와 표현 말하기와 듣기』, ㈜박이정, 101p.

우리학교 도서관에 접속해서 자신이 속한 학과 전공 교수님의 논문을 찾아 각각의 서지사항을 적어보자.

〈서지사항〉

저자명(간행연도), 논문제목, 게재지명, 권호수, 쪽수.

☐ 윤혜영(2019), '너기다'류에 나타난 어찌마디 연구 –20세기 초 신소설을 중심으로–, 한말연구 52, 171~203쪽.

(3) 구성하기

구성이란 보고서의 설계도를 그리는 것과 같은데, 만약 집을 짓기 위한 자재와 재정이 충분하다고 하더라도 설계도가 없으면 집짓기는 막막하기만 할 것이다. 따라서 보고서를 작성하기 위해서는 개요 작성법에 따라 개요표를 만들어 이용하면 좋은데, 이것은 개요문으로 구체적인 목차를 구성한다고 생각하면 된다. 구성할 때에는 각 부분의 분량도 고려해야 한다. 예를 들어 3단 구성의 경우 대체로 '서론'은 5~10%, 본론은 70~85%, 결론은 10~20% 정도의 비율로 배분하는 것이 적당하다. '10:70:20' 또는 '5:85:10'의 비율이다.

보고서의 유형에 따라 작성해야 할 내용이 다르므로 구성법에도 차이가 있다. 논문에 해당하는 '연구 보고서'는 보통 '서론-본론-결론' 3단 구성을 취하며, 주제에 따라서는 '문제점-

사례-개선책-전망'으로 구성하기도 한다. '감상 보고서'는 대개 '대상 소개-기존 평가-분석과 감상' 등으로, '조사·답사 보고서'는 조사 또는 답사의 '목적-개요-결과-소감' 등으로 구성할 수 있다. '실험·관찰 보고서'의 경우는 실험이나 관찰의 '목적-이론과 방법-시행-결과-분석-논점' 등으로 구성해야 한다.[12]

(4) 보고서 쓰기

주제와 자료, 구성까지 끝났다면 글을 쓰는 것이 어려운 일은 아니다. 다만 학생들이 어려워하는 단락 구성 방식과 수많은 자료를 인용하고 주석을 다는 방법, 유의해야 할 점들만 숙지한다면 용이하게 보고서를 작성할 수 있을 것이다.

◎ 단락 구성 방식[13]

여러 문장들은 하나의 주제에 따라 규칙에 알맞게 하나의 단락을 이루어야 한다. 형식적으로는 단락이 구분되었다는 것을 표시하기 위해 새로운 단락이 시작될 때에는 줄을 바꾸고 한 글자(2칸) 가량 들여쓰기해서 시작한다. 다시 말해서 줄이 바뀌고 앞에 한 글자 정도 들여쓰기 되어 있다면 이는 새로운 단락이 시작됨을 알리는 것이다.

단락을 이루는 문장들은 앞에서 말한 바와 같이 분명히 '하나의 주제'를 실행하기 위해 모여 있어야 한다. 따라서 문장들이 모여서 하나의 단락을 이루기 위해서는 문장들 중 가장 중심이 되는 뜻을 담고 있는 '중심 문장'과 이를 뒷받침하는 '뒷받침 문장'들이 서로 어울려야 하는 것이다. 결국 일반적인 단락은 대개 다음과 같은 문장 구성으로 이루어진다.

- 중심 문장+뒷받침 문장+뒷받침 문장+뒷받침 문장+……
- 뒷받침 문장+뒷받침 문장+……+뒷받침 문장+중심 문장
- 뒷받침 문장+뒷받침 문장+중심문장+뒷받침 문장+뒷받침 문장
- 중심 문장+뒷받침 문장+뒷받침 문장+뒷받침 문장+뒷받침 문장

---

12) 건국대학교 글쓰기연구회(2006), 『글쓰기의 기술 _ 실용편』, 도서출판 파미르, 306~307p.
13) 김장원, 서유석, 윤혜영(2013), 『다매체시대의 글쓰기』, 도서출판 역락, 149~154p.

중심 문장이 단락의 맨 처음에 놓이면 '두괄식', 중심 문장이 단락의 끝쪽에 위치하면 '미괄식', 중심 문장이 단락의 가운데 오면 '중괄식'이라고 부른다. 그리고 글 첫머리에 나온 중심 문장이 글의 끝에도 다시 나오면 '양괄식'이라고 한다.

◎ 인용과 주석14)

한 편의 글 전체가 자신만의 생각으로 구성될 수는 없으므로 다른 사람의 견해를 참고하기 마련이다. 따라서 나의 논지를 강화하기 위해 다른 사람의 글을 인용할 수 있으나 반드시 명확한 출처를 밝혀야 하며 그렇지 못한 경우 '표절'이라 부른다. 인용의 방법과 주석의 방식은 다음과 같다.

■ 직접 인용

직접 인용이란 다른 사람의 글을 자구는 물론 철자와 쉼표까지도 있는 그대로 옮겨 오는 것을 말한다. 직접 인용의 경우에는 원문에 수정을 가할 수 없지만, 필요한 부분만 직접 인용할 때에는 '생략' 또는 '중략'이라는 표시를 하거나 말줄임표를 사용하여 원문 그대로가 아님을 분명히 나타내야 한다. 만약 원문을 직접 인용한 후 필자가 강조하고 싶은 부분에 방점을 찍거나 밑줄을 그은 경우에도 '방점은 필자', '밑줄은 필자' 등으로 표기를 해주어야 한다.

직접 인용에는 짧은 직접 인용과 긴 직접 인용이 있다. 짧은 직접 인용은 단어나 핵심 어구, 3행 이내의 짧은 문장을 인용하는 경우로, 본문의 문맥 안에서 큰 따옴표(" ")를 사용하여 원문임을 표시해 준다. 짧은 직접 인용을 한 경우에는 본문에서 출처를 밝히거나 주석을 달아 출처를 분명히 하여야 한다.

긴 직접 인용은 4행 이상 또는 100자 이상의 글을 길게 인용하는 경우로, 새로운 문단을 만든 후 본문과 다른 글씨체, 글씨크기, 여백으로 조정하여 인용문임을 한눈에 알아볼 수 있게 해야 한다. 긴 직접 인용을 한 경우에도 본문이나 각주를 달아 출처를 밝히거나 새로운 문단 마지막 줄에 출처를 넣는 본문주를 사용할 수 있다.

---

14) 김장원, 서유석, 윤혜영(2013), 『다매체시대의 글쓰기』, 도서출판 역락, 156~171p.

더불어 피식민자들의 몸이 머무는 현실은 '오줌, 똥'으로 가득찬 '지옥'이며, 그들은 노예이자 짐승의 모습으로 살아간다는 진술에서 기존 인간의 존엄한 지위가 이미 해체되었음을 읽을 수 있다. 탈이 성적, 탈체제적 환경에 노예이자 짐승으로 태어나고 살아가는 인물 들은 현실을 초월 trans 하여 다층적인 자아로 분기, 탈주의 흐름에 떠밀려 가고 있음을 알 수 있다.

> 짐승도, 벌레도, 미물로 잔인성만으로 이루어진 미물로 화했 다...... 증오로 발정 한 미친 수컷처럼 온종일 수많은 수용자들 을 능욕하고 (노래에 관하여》, p.158)

> 저희 집은 지옥입니다. 그 골목 전체가 지옥이예요. 집으로 돌아갈 때마다 매번 지옥으로 끌려들어 가는 기분이예요. 매번 죽어서 끌려가는 것만 같아요.(〈심해어〉, 1 p.209)

기존체제를 비판하고 해체하는 방식이 작가마다 다른데, 다양한 욕망을 추구하며 자발적인 이탈을 감행하는 방식이 있는가 하면, 기존체제를 비판하며 전복하려는 의지적 행동을 보여주는

[그림 3] 본문주를 사용한 직접 인용의 예시[15]

■ 간접 인용

간접 인용이란 다른 사람의 글을 원문 그대로 쓰지 않고 자신의 말로 바꾸어 인용하는 방법이다. 주로 인용할 자료의 요약이나 풀이의 형태를 취하게 된다. 이렇게 바꾸어 간접 인용을 할 때에도 직접 인용과 마찬가지로 각주를 통해서 출처를 밝혀야 한다.

그런데 이 충격적인 사회적 사건은 놀라운 결과를 가져 온다. 문학, 글쓰기, 철학, 예술 등을 접하기 시작한 노숙인들이 자각, 각성의 과정을 통해 자신의 삶을 극복하려는 움직임을 보여주기 시작하였기 때문이다.[4] 물론 노숙인들의 사회적, 경제적 삶이 한순간에 나아진 것은 아니지만, 자신의 삶 을 변화시키려는 노력이 분출하기 시작했고, 대중매체에서는 이러한 현상을 대서특필하기에 바빴다. 그러면서 근본적으로 인문학에 내재한 힘, 인문학의 의미와 가치에 대한 재조명이 활발하게 진행되었다. 아울러 사회전반에 편재되어 있는 인문학에 대한 홀대, 대학

---

15) 박선경(2017), 다층 분기(分岐)되는 주체와 무너지는 서사 형식 : 최인석 작품을 통해본, 포스트모던적 인식론과 방법론 일 고찰,『현대소설연구』66, 한국현대소설학회, 139~172p.

2) 2005년 대한성공회 노숙인 다시서기 센터에서 실시한 노숙인 인문학과정이 사회적으로 큰 반향을 불러 일으켰
   다. 자활, 재활에 성공하여 사회로 복귀하는 경우도 있었고, 소설가로 데뷔하면서 언론매체의 집중적인 조명을
   받는 경우도 있었다. 이를 계기로 인문학에 대한 사회적 논의가 활발하게 진행되었다.
3) 이에 대한 자세한 내용은 『2006 얼 쇼리스 초청 국제 세미나/워크숍 자료집』, 2006 참조
4) 『2006 얼 쇼리스 초청 국제 세미나/워크숍 자료집』, 2006과 주2) 참조

[그림 4] 각주를 사용한 간접 인용의 예시[16]

■ 주석

참조한 자료이거나 앞서 살펴본 인용을 한 경우의 출처를 밝히거나 논문 내용의 이해를 돕기 위해 설명을 덧붙이는 주석이 있다. 주석에는 본문주, 각주, 미주 등이 있다. 본문주는 앞서 직접 인용의 예시문과 같이 인용문단 끝이나 본문 속에 괄호를 만들어 그 안에 출처를 밝히는 것이다. 또한, 주석 중에서 출처나 부연 설명을 주석이 필요한 페이지 하단에 다는 것을 각주라 하고 글의 맨 끝에 모아서 한꺼번에 제시하는 것을 미주라 한다.

각주는 내각주와 외각주로 나뉜다. 내각주는 본문에 직접 인용 출처를 표시하는 것으로, '내각주법'이라고 불리기도 하는 '필자-연대' 표시법으로 나타낸다. '필자-연대' 표시법이란 말 그대로 본문에서는 간단히 참고문헌의 필자와 간행연대만을 나타내고, 구체적인 서지사항은 글의 끝부분 〈참고문헌〉 목록에서 밝히는 방법이다. 필자와 연대뿐만 아니라 인용한 문헌의 쪽수를 나타내는 수도 있는데, 이때는 연대 뒤에 쉼표나 쌍점을 찍고 쪽수를 적는다.

본 연구자는 18세기 전기 문헌에 나타난 인용구조를 연구한 바 있다. 이 연구 과정에서 '뜻풀이대상 형식인용의 용례 중 [A이라 하는 것은'의 줄임 형태인 'A이란'이 나타남을 확인하고 관심을 가지게 되었다. '- 이란'은 허웅(1995:1420)에서 설명하는 바와 같이 현대국어에서 '-은/는'과 동일한 뜻을 가진 도움토씨로 '이라 하는 것은'의 줄임이다. 이에 18세기 소수의 문헌에서 나아가 20세기까지를 고찰한다면 현대국어 도움토씨 '-이란 의 문법화 과정을 명백히 밝힐 수 있으리란 기대 하에 연구를 진행하였다.

이 연구의 구체적 연구대상은 17세기(27개 문헌), 18세기(34개 문헌), 19 세기(21개 문헌),

16) 김장원(2012), 소외계층과 인문학의 상관성 연구, 『문학치료연구』 25, 한국문학치료학회, 203~226p.

20세기(914개 논설, 106개 별보, 147개 기사)에 나타난 '뜻풀이대상 형식인용'의 통어적 구조이다.[2] 추출한 구조는 17세기(28개), 18세기(34개), 19세기(56개), 20세기 초(147개)3), 20세기

혹은 파생형에서 굴절형으로 변하거나, 통사적 구성에서 하나의 단위로 재분석되 어 문법적 요소로 간주되는 것처럼, 덜 문법적인 것으로부터 더 문법적인 것으로 문법성이 증가하는 현상"을 이른다.

[그림 5] '필자-연대'표시법의 예시[17]

외각주는 본문이 아닌 본문 바깥에 주석을 달아 출처나 부연 설명을 나타내는 것이다. 인용한 출처를 각주로 밝히면 '출처 각주'이고 본문에서 설명하지 못한 내용을 각주에 넣으면 '설명 각주'이다.

이현희(2009)는 고유어 중 관형사와 접두사, 두 가지 성격을 모두 보이는 요 소들을 중심으로 두 범주의 인접성에 대해 논하였다. 두 범주를 명확하게 나눌 수 없다면 그 연속성을 인정하는 것도 기술의 방법의 하나가 될 수 있다고 하였다. 궁극적으로 두 범주 중 어느 범주에 무리하게

4) 한용운(2004)에서는 접두사와 관형사의 판단 기준을 다음과 같이 6가지로 들고 있다.
　가. 접두사는 형태적으로 의존 형식인 반면, 관형사는 자립 형식이다.
　나. 복합어의 선행 성분인 형식이 다른 복합어에서 후행 성분으로도 쓰인다면 그 형식은 접두사가 아니다.
　다. 접두사는 실질 형태소에 결합된다.
　라. 접두사는 어휘고도제약을 지킨다.
　마. 접두사는 관형사에 비해 분포 제약이 심하다.
　바. 관형사가 합성어의 구성 성분이 되었을 때, 관형사의 본래 의미 외에 다른 의미가 더해질 수 있다. 관형사로 기능할 때의 의미와 합성어의 구성 성분이 된 뒤의 의미가 완전히 다른 의미라면 접두사로 볼 가능성이 있지만, 의미가 유사하고 형태의 변화가 없다면 관형사로 처리해야 한다.

[그림 6] '설명 각주'의 예시[18]

◎ 작성 시 유의사항

보고서를 작성할 때에는 유의할 점이 몇 가지 있다. 보고서는 논리적으로 전개하는 것이

17) 윤혜영(2016), '뜻풀이대상 형식인용' 구조를 기반으로 한 도움토씨 '-이란'의 문법화 과정 고찰, 『한말연구』 39, 201~226쪽.
18) 정수현(2017), 관형사와 접두사 경계의 모호성 고찰, 『인문과학연구』 52, 강원대학교 인문과학연구소, 267~292p.

중요하므로, 설득력 있는 논거나 신뢰할 만한 데이터를 제시하면서 서술하여 논리성을 갖추도록 한다. '~것 같다, ~인 듯하다, ~인 모양이다' 등과 같이 추측형 문장은 가능한 한 자제해야 한다. 또한 자신의 의견을 제시할 때에는 반드시 사실 보고 내용과 구별되도록 해야 한다.

보고서는 읽기 편해야 하므로 쉽고 명료한 문장과 구성, 디자인 등도 고려해야 한다. 공적 문서에 적합한 글꼴과 글자 크기를 맞추고 전달의 효율성을 위해서 도표, 그래프, 그림 등을 통해 시각적인 효과도 놓치지 않도록 한다. 공적 문서의 글꼴은 명조 계열이 적합하며 본문 글자 크기는 10~11pt 정도가 좋다.

(5) 고쳐 쓰기

보고서는 작성자 자신이 읽고 이해하기 어렵다면 다른 독자들은 더욱 이해하기 힘들게 된다. 따라서 보고서를 작성한 후에는 반드시 처음부터 끝까지 객관적인 거리를 두고 읽어 보는 것이 좋다. 오자나 탈자, 모호한 문장은 없는지, 도표나 그래프에 오류는 없는지 면밀히 검토해야 한다. 검토하는 과정에서 눈으로만 대충 읽게 되면 자신이 쓴 글이기에 놓치는 부분이 생길 수 있다. 미연에 방지하기 위해서는 천천히 소리 내어 읽어보는 것도 방법 중 하나이다. 소리를 내어 읽으면 눈으로 검토하는 것 외에 내용을 다시 한 번 들으며 이상한 부분을 쉽게 느껴 수정하기 용이하다.

보고서를 작성한 한글(워드) 프로그램을 이용하여 깨끗하게 편집하는 것도 고쳐 쓰기 단계에서 해야 할 작업이다. 보기에 편하도록 글자 크기나 여백 설정에도 주의를 기울여 내용과 형식을 모두 검토하고 수정하면 비로소 보고서 작성이 끝나게 된다.

4) 보고서의 형식[19]

(1) 보고서의 체제와 형식[20]

대학 보고서는 기본적으로 '표지-목차-본문-참고문헌'의 순서로 구성되며, 제출하는 용지의 규격은 대개 A4를 사용한다.

---

19) 건국대학교 글쓰기연구회(2006), 『글쓰기의 기술 _ 실용편』, 도서출판 파미르, 308~310p.
20) 한라대학교 교양교직과정부(2010), 『다매체 시대의 실용적 글쓰기』, 동일출판사. 101~103p.

◎ 표지와 목차

보고서의 표지에는 '제목, 교과목명, 담당 교수의 성명, 제출일, 작성자의 소속학과, 학번, 성명' 등을 기입해야 한다. 이때 담당 교수의 성명을 잘못 적는 것은 큰 실례이므로 신경 쓰도록 한다. 짧은 보고서의 경우 목차의 분량도 많지 않으므로 목차 페이지를 따로 두지 않고 표지에 목차를 넣을 수 있다. 표지에 너무 복잡한 디자인을 넣는 것은 오히려 역효과를 줄 수 있으므로 단정하게 만드는 것이 좋다.

보고서 내용을 구성할 때 분류한 항목에는 각각의 표제를 붙여야 한다. 그 각 항목의 표제 들을 한눈에 알아볼 수 있도록 작성해 놓은 것이 목차이다. 따라서 목차를 보면 그 글의 구성과 내용을 파악할 수 있다. 간혹 표제를 문장으로 만드는 경우도 있는데 이때 마침표는 찍지 않는다. 각 항목은 숫자나 문자를 이용해서 단위나 체제를 나타내는데, 본문에 쓰인 그대로 목차에 적어야 한다.

[그림 7] 보고서 표지의 예시

◎ 본문

대학에서 통용되는 본문은 대개 '서론, 본론, 결론'의 3단 구성을 취하는 경우가 많다. 이때 본론의 내용은 '장, 절, 항, 목' 등으로 보다 세분화되는데 그 체제는 다음과 같은 형식을 따른다.

숫자식		문자식	수문자식
1.	Ⅰ.	제1장	제1장
1.1	1.	제1절	1.
1.2	2.	제2절	2.
1.2.1.	1)	제1항	2.1
1.2.2.	2)	제2항	2.2
2.	Ⅱ.	제2장	제2장
2.1	1.	제1절	1.
2.2	2.	제2절	2.
2.2.1.	1)	제1항	2.1
2.2.2.	2)	제2항	2.2
3.	Ⅲ.	제3장	제3장

[그림 8] 보고서 체제[21]

◎ 참고문헌[22]

참고문헌은 자신이 인용하거나 글을 쓰는 데 도움을 받은 문헌에 대한 목록을 작성해서, 자신의 글에 신뢰성을 높이는 작업이다. 그리고 이 글을 보고 다음 글을 쓰는 사람에게 참고할 길잡이 구실을 할 수도 있다. 특히 내각주로 구성된 글의 경우 인용된 글들의 출처는 참고문헌에서만 확인할 수 있다. 참고문헌은 다음과 같은 원칙으로 작성한다.

- 참고문헌의 배열은 저자의 성명 순으로 배열하여, 국내 저자는 '가나다' 순서로 적으며 외국 저자는 알파벳 순서로 적는다.
- 국문으로 된 국내 문헌을 먼저 제시하고 외국어 문헌을 뒤에 제시하는 것이 원칙이다.
- 단행본과 논문을 구분하여 표시하는 경우도 있다.
- 동일한 필자의 문헌이 여러 개일 경우 간행연도 순으로 정리하며, 같은 해 출판된

---

21) 김장원, 서유석, 윤혜영(2013), 『다매체시대의 글쓰기』, 도서출판 역락, 193p.
22) 김장원, 서유석, 윤혜영(2013), 『다매체시대의 글쓰기』, 도서출판 역락, 169p.

문헌이 여럿일 때는 a, b, c 혹은 ㄱ, ㄴ, ㄷ 등으로 구분한다.
- 필자의 이름이 반복될 경우 처음에만 이름을 쓰고 두 번째부터는 밑줄을 쳐서 동일 인임을 표시할 수 있으나, 제출처에 따라 동일인의 이름을 모두 써야 하는 경우도 있다.
- 한 사람이 단독 집필한 문헌과 그 사람이 다른 사람들과 공동으로 집필한 문헌이 있을 경우 단독 집필 문헌을 먼저 수록한다.
- 한 문헌의 길이가 두 줄 이상일 때에는 둘째 줄은 첫 줄의 왼쪽을 기준으로 이름의 길이나 이름과 연도 길이 정도만큼 들여쓰는 것이 좋다.

참고문헌

김용경(2002), "문법화의 단계성에 대한 고찰", 『한글』 256호, 한글학회. 45-67쪽.
윤혜영(2011), 『근대국어의 인용구조 연구』, 한국학술정보(주).
윤혜영(2015), "18세기 전기 외국어 학습서에 나타난 인용구조 연구", 『한말연구』 36, 한말연구학회. 105-137쪽.
이태영(1997), 『역주 첩해신어』, 태학사.
이필영(1995), 『국어의 인용구문 연구』, 탑출판사.
허 웅(1989), 『국어학, 샘문화사.
허 웅(1995), 『20세기 우리말의 형태론』, 샘문화사.
허 웅(1999), 『20세기 우리말의 통어론』, 샘문화사.
허원욱(1994), "15세기 국어의 인용마디", 『한글』 226호, 한글학회. 203-220쪽.
허원욱(2005), 『15세기 국어 통어론』, 한국학술정보(주).
허원욱(2008), "중세국어 말풀이 인용구조 연구", 『한말연구』 23, 한말연구학회. 453-472쪽.
허재영(2007), "한국어 보조사의 문법화 - 개화기 한국어를 중심으로-", 『한민족문화연구』 22권, 한민족문화학회. 59-79쪽.

[그림 9] 참고문헌의 예시[23]

---

23) 윤혜영(2016), '뜻풀이대상 형식인용' 구조를 기반으로 한 도움토씨 '-이란'의 문법화 과정 고찰, 『한말연구』 39, 201~226쪽.

(2) 학문분야에 따른 보고서의 형식[24]

학문분야에 따라 작성하는 보고서의 형식은 다양하지만 대개 다음과 같은 부분들로 구성된다.

◎ 인문학, 사회과학 보고서

일반적으로 인문학, 사회과학 보고서는 '표지, 본문, 참고문헌'으로 이루어진다. '표지'에는 제목, 학번, 소속, 이름 등을 기재하고, '본문'은 '서론, 본론, 결론'으로 작성한다. 마지막에는 '참고문헌'을 저자 이름 순서로 나열하면 된다.

보고서에서 '서론'은 보고서가 담고 있는 문제의식을 제기하는 부분으로, 대개 '보고서의 목적과 범위, 필요성과 배경, 서술 방법과 관점' 등을 포함한다. '본론'은 보고서의 중심이며 분량도 가장 많은 부분으로, '제기된 문제에 대한 분석, 설명, 평가' 등을 담는다. '결론'은 본론에서 설명한 내용을 요약하고 최종적으로 평가하는 부분이며, '앞으로의 과제, 새로운 대안' 등을 제시할 수 있다.

◎ 자연과학, 공학, 의학 보고서

보고서의 기본 형식은 비슷하지만 자연과학 및 공학, 의학 보고서는 다음과 같은 형식을 취한다. '표지, 본문, 참고 문헌' 중에서 '표지'에 제목, 학번, 소속, 이름 등은 동일하나 실험 날짜 등이 중요하므로 '작성일자'를 반드시 명기해야 한다.

'본문'은 '실험 목적과 배경, 실험 장치 및 방법, 실험 결과와 논의, 결론'을 포함한다. '실험 장치 및 방법'에서는 다른 사람들이 실험 결과를 검증할 수 있도록 자신이 사용한 실험 장치와 실험 방법 등을 자세히 서술해야 한다. 이를 위해 실험 장치와 방법을 담은 그림이나 도표를 제시하는 것이 필요하다. '실험 결과와 논의'에서는 실험 결과를 정리하고, 그것을 기존의 결과와 비교하여 논의한다. 여기에서도 그래프나 도표가 자주 사용된다. '결론'은 실험 결과를 짧게 요약한 부분이다. 마지막 '참고문헌'에서는 실험을 하면서 참고한 자료, 논문, 문헌 등을 일목요연하게 제시한다.

---

24) 김진희 외(2012), 『단계별로 익히는 실전 글쓰기』, 도서출판 역락. 162~164p.

향후 자신이 가고자 하는 길(직업/기업/기관/전문가)에 대한 구체적인 자료를 찾아 정리하여 그 길을 가기 위해 필요한 역량과 준비해야 할 것들을 적어보자.

❑ 가고자 하는 길 :

3. 기획서 쓰기[25]

1) 기획이란 무엇인가[26]

사전적으로 보면 기획이란 말은 '일을 꾀하여 계획함'을 뜻한다. 이 사전적 의미로만 보면 기획은 누구나 매순간 하고 있다고 해도 과언이 아니다. 마음에 드는 이성과 가까워지기 위해 세우는 계획이나 자신의 미래를 준비하기 위해 세우는 계획도 기획인 것이다. 그러함에도 불구하고 기획이란 말을 하면 대개는 기관이나 기업에서 진행하는 거창한 사업을 떠올리곤 한다. 고정화된 이러한 사고 때문에 기획은 어렵다고 두려움을 갖는 것이다.

---

25) 김장원, 서유석, 윤혜영(2013), 『다매체시대의 글쓰기』, 도서출판 역락, 200~221p.
26) 김장원, 서유석, 윤혜영(2013), 『다매체시대의 글쓰기』, 도서출판 역락, 200~201p.

기획이란 '당면한 문제를 인식하고, 해결방안을 찾은 후, 실행하게 하는 계획'이다. 따라서 기획의 목적은 머릿속에 있는 아이디어를 현실화하여 문제를 해결하는 데 있다. 가령, 첫눈에 반한 A라는 여성에게 접근하려는 B라는 남성이 있다고 하자. B는 이 당면 문제를 해결하기 위해 다양한 접근 방법들을 생각해 성공을 거두고자 할 것이다. 이와 같이 기획은 문제를 해결하기 위한 일련의 시스템으로써 전략과 전술을 갖는다.[27)]

연습문제 자신이 기획한 일 중 성공한 경험 또는 실패한 경험을 적어 보자.

---

27) 이중구(2005), 『기획부터 PT까지 원스톱 플랜테이션 무작정 따라하기』, (주)도서출판 길벗, 52~53p.

2) 기획서의 유형[28]

앞서 살핀 바와 같이 기획의 영역과 종류에 제한이 있는 것은 아니므로 필요한 무엇이든 기획의 대상이 될 수 있다. 기획의 구체적인 결과물이 바로 '기획서'이다. 여기에서는 우리 주변에서 보편적으로 볼 수 있는 기획서 중 대표적인 4가지 유형을 살펴보기로 한다.[29]

(1) 연구 기획서

연구 기획서는 학술 연구자들이 주로 연구비 지원이나 승인을 받기 위해 작성·제출하는 기획서이다. 연구 기획서에는 일반적으로 연구 과제명, 연구 기간, 예상 연구비 액수 등과 같은 연구 조건들과 연구 내용을 자세하게 제시한다.

(2) 사업 기획서

사업 기획서는 새로운 제도 도입, 인사 총무에 대한 제안, 신규 사업 계획, 신상품 개발 및 판매 계획 등 새로운 아이디어를 필요로 하여 창조적 성격이 강하다. 구체적 기획 주체와 대상에 따라 다양하게 나타나므로 정해진 규격은 없으나, 일반적으로 '사업 개요, 사업 현황, 사업 추진 계획, 회사 운영 계획, 재무 계획' 등을 포함하게 된다.

(3) 웹 콘텐츠 기획서

웹과 관련된 전체적인 사업 아이템을 기획하여 작성하며 웹 환경에 대한 넓은 이해에 바탕을 둔다. 웹 기획서는 작업 일정, 추구 목적, 메뉴 구성 및 레이아웃과 더불어 스토리보드를 통한 웹사이트 전체적인 골격을 파악할 수 있도록 작성해야 한다.

(4) 문화행사 기획서

문화행사 기획서는 각종 공연, 여행, 지역문화 축제, 방송 이벤트 등과 같은 문화행사의 진행에 관련된 기획을 문서화한 것이다. 문화행사 기획서는 일반적으로 '행사 목적, 행사

---

28) 건국대학교 글쓰기연구회(2006), 『글쓰기의 기술 _ 실용편』, 도서출판 파미르, 241~260p.
29) 나카노 아키오(2003), 『기획서 잘 쓰는 법』, 21세기북스, 24p.

개요, 행사 구성, 행사 일정표, 행사 프로그램, 참여 예상인원, 행사 호응도, 소요예산' 등을
포함하게 된다.

연습문제 이상의 4가지 유형의 기획 중 한 가지를 선택하여 다음과 같이 개요를 마련해 보자.

〈문화행사 기획〉

행사개요

1. 행사명	녹색프로젝트
2. 일시	6월 1일~ 6월 5일(환경의 날)
3. 장소	난지공원 및 한강 난지 캠핑장
4. 대상	기후변화, 저탄소 녹색성장 및 환경에 관심 있는 사람
5. 행사 요약	녹색성장을 위한 실현
6. 예상 인원	3만 명
7. 주최	환경부, 문화관광부
8. 후원	지식경제부, 국토해양부, ECOEXPO 등등

KEPA   환경부   MKE 지식경제부   대한상의   ECOEXPO

3) 기획서의 작성 과정[30]

기획서의 작성 과정은 크게 7단계로 나누어 볼 수 있다.

구상 분석 → 컨셉 도출 → 문서 작성 → 기획 점검 → 요약 문서 → 인쇄 제본 → 제출

(1) 구상 및 분석[31]

구상은 당면한 문제를 인식하여 전체적으로 무엇을 이야기할 것인지 결정하는 단계이다. 다시 말해서 구상 단계는 전체적으로 큰 그림을 그리는 착상단계라고 할 수 있다. 따라서 현실적으로 실현가능한 범위 내에서 이상과 현실의 조화를 고려하며 스케일을 조절해야 한다. 구상할 때에는 '누가(Who), 무엇을(What), 언제(When), 어디서(Where), 왜(Why), 어떻게(How)'의 육하원칙(5W 1H)을 염두에 두도록 한다.

구상 단계에서 큰 그림을 그렸다면 본격적으로 자료를 수집하고 분석해서 전략과 전술을 수립해야 하며, 자료를 수집할 때에는 다각도의 정보원을 활용해야 한다. 자료조사와 상황분석을 효과적으로 하기 위해서는 적절한 분석도구를 선택해서 올바르게 활용하는 것이 중요하다. 분석도구에는 다음과 같은 것들이 있다.

[표] 다양한 분석도구

목적	유용한 분석도구
경쟁사와 자사의 경쟁력 비교	레이더 차트 분석 / 차별화 모형 분석
사업의 선택과 집중	의사결정 매트릭스 분석 / MECE 분석
전략 방안 도출	로직트리 분석 / 포지셔닝맵 분석 / SWOT 분석
사업의 구조조정	PPM 분석

---

30) 김장원, 서유석, 윤혜영(2013), 『다매체시대의 글쓰기』, 도서출판 역락, 206~213p.
31) 이중구(2005), 『기획부터 PT까지 원스톱 플랜테이션 무작정 따라하기』, (주)도서출판 길벗, 74~123p.

다양한 분석도구 중에서 보편적으로 많이 사용되는 두 가지만 살펴보기로 한다. 먼저, 가장 많이 알려지고 그 응용범위도 넓은 방법 중에 SWOT 분석이 있다. 이것은 Strength(강점), Weakness(약점), Opportunity(기회), Threat(위협) 등 4가지 요소를 기준으로 분석하는 기법이다. 이 분석은 전략을 수립하는 중요한 분석기법이라고 할 수 있다. 이와 마찬가지로 전략 방안을 도출할 때 사용하는 로직트리 분석이 있다. 이 분석기법을 활용하면 나무를 세세히 보면서 체계적으로 전략을 세울 수 있다. 먼저 목적을 정하고 뿌리와 가지, 잔가지와 잎으로 세세하게 쪼개어 나가는 방식이므로 전체를 조망할 수 있는 방법이다.

[표] SWOT 분석의 예

외부환경 분석 내부환경 분석	Opportunity(기회) - 해외시장 호전 - 마케팅 효과 - 경기회복	Threat(위협) - 경쟁업체 출현 - 경기악화/물가상승 - 정부정책 변경·규제
Strength(강점) - 경쟁 우위 요소 - 고객의 충성도 - 차별적 기술력	SO 전략(안) : 강점을 살려 기회를 포착	ST 전략(안) : 강점을 살려 위협을 예방
Weakness(약점) - 연구개발 취약 - 내부조직 문제 - 자본력/기술력	WO 전략(안) : 약점을 보완해 기회를 포착	WT 전략(안) : 약점을 보완해 위협을 예방

연습문제 다음과 같이 자기 자신에 대해 SWOT 분석을 하고 '자기 PR'을 위한 전략을 도출해 보자.

외부환경 분석 내부환경 분석	Opportunity(기회) - - -	Threat(위협) - - -
Strength(강점) - - -	SO 전략(안) :	ST 전략(안) :
Weakness(약점) - - -	WO 전략(안) :	WT 전략(안) :

(2) 컨셉 도출[32]

이 단계에서는 앞서 수립한 가설이나 분석한 결과를 토대로 대안이나 컨셉(아이디어)을 도출한다. 대개 기업은 사업을 기획할 때 중장기적 관점에서 계획과 전략을 수립한다. 전략은 목적을 달성하기 위한 수단 내지는 대안임과 동시에 변화하는 환경에 대한 적응과 경쟁우위를 모색하는 것이라 할 수 있다. 컨셉과 아이디어는 본질적으로 다른 뜻이지만, 아이디어가 현실화되어 컨셉으로 발전할 수 있으며, 차별화된 컨셉을 발전시켜 거대 블루오션을 창출할 수 있다.[33] 그러므로 기획에서 컨셉(아이디어)은 알맹이라고 할 수 있다.

간혹 순간적으로 떠오른 기가 막힌 아이디어로 환희를 맛보는 경우가 있다. 그러나 매번 그렇게 우수한 아이디어를 창출할 수는 없을 것이다. 반짝 아이디어에 의존하는 것보다는, 다양한 아이디어 발상기법을 활용하면 체계적이고 합리적으로 아이디어를 창출할 수 있다.

---

32) 이중구(2005), 『기획부터 PT까지 원스톱 플랜테이션 무작정 따라하기』, (주)도서출판 길벗, 126~144p.

33) 블루오션은 부가가치가 높은 새로운 시장을 뜻한다.

(3) 문서 작성

기획서는 문서화를 전제로 하므로 서류 작성을 위한 워드프로세서 프로그램과 프레젠테이션을 위한 슬라이드 편집 프로그램을 사용하여 문서를 작성하게 된다. 이렇게 문서를 작성할 때 사용하는 워드프로세서 프로그램을 보며, 관공서와 학생들은 보편적으로 한글과 컴퓨터의 흔글을 사용하고, 기업에서는 마이크로소프트사의 워드 프로그램을 주로 사용한다. 이밖에도 수식 편집을 위한 마이크로소프트의 엑셀, 기타 흐름도와 도식화, 플로우차트(flow chart) 및 다이어그램작성 프로그램 등이 있다. 명료하게 기획 내용을 전달하기 위해서는 상황에 맞게 적절한 프로그램을 선택하는 것이 좋으며, 여러 다양한 프로그램의 사용법을 익혀두면 여러모로 도움이 된다.[34]

기획서는 간결한 문장으로 작성하되 문장이나 글의 흐름이 논리적이어야 하며, 사실과 의견을 구분하여야 한다. 대체적으로 '서론-본론-결론'의 3단 구성이나 '기-승-전-결'의 4단 구성으로 체재를 갖춘다. 또한, 미사여구나 관념적 표현은 피하여 명확하게 전달될 수 있도록 작성해야 하며, 기획 내용을 보다 명확하게 전달하기 위해서는 적절한 시각화가 필요하다. 기획서를 작성할 때는 편집도 중요하며, 일러스트, 도표, 그래프 등을 삽입하면 내용이 보다 더 명료해질 수 있다.[35]

(4) 기획서 점검

기획서의 초고가 완성되면 그 완성도를 점검하는 과정이 필요하다. 기획서의 내용을 점검할 때는 보통 기사문을 작성할 때 따르는 육하원칙(5W 1H)에 따라 살펴보고, 완전한 기획서를 작성하기 위해서는 '누구에게(Whom)'와 '어느 정도의 비용으로(How much)'를 포함하여 살펴보아야 한다.

기획서의 문장종결 형태가 통일되어 있는지 확인한다. 제각각이라면 '~이다', '~입니다', '~임', '~함' 중에서 하나를 선택하여 통일시켜야 한다. 그리고 맞춤법과 표기법도 살펴보아야 하는데, 사소한 오타 하나로도 그 기획서의 질적 가치를 의심받게 될 수 있으므로 꼼꼼하게 점검할 필요가 있다.

---

34) 건국대학교 글쓰기연구회(2006), 『글쓰기의 기술 _ 실용편』, 도서출판 파미르, 262p.
35) 한라대학교 교양교직과정부(2010), 『다매체 시대의 실용적 글쓰기』, 동일출판사, 92~93p.

(5) 요약본 작성

의사결정권자가 정보나 문제를 접하고 의사결정을 내리는 데는 5분을 초과하지 않는 것이 일반적이다. 따라서 단시간에 올바른 결정을 내릴 수 있도록 작성하는 것이 요약본이다. 그러나 이 요약본은 기획의 전반적인 정보를 전달함에 초점을 두는 것이 아니라 의사결정에 도움이 될 만한 정보를 드러내는 것에 초점을 둔다.[36]

(6) 인쇄와 제본

기획서가 아이디어와 전략을 중심으로 작성된 '설득을 위한 문서'라면 그 설득력을 높이는 방법이 편집과 인쇄 형태이다. 인쇄물의 형태는 종이로 인쇄된 '하드카피'와 컴퓨터 파일 형태로 된 '소프트카피'로 나뉜다. 이 중에서 '소프트카피'로 제출할 때는 무단 복제와 변형이 용이하다는 단점도 있으므로 무단 복제를 막기 위해 문서를 pdf파일로 전환하여 발송하는 경우도 있다. '하드카피'의 경우는 마감 시간에 늦지 않도록 여유있게 복사 제본을 맡기도록 하고, 제본할 때는 링 제본을 하거나 열접착 제본을 하는 경우가 일반적이다.[37]

(7) 제출

기획서를 제출하는 방법은 직접 가서 기획서를 내는 경우와 이메일이나 택배 등을 이용하는 경우가 있다. 이 중에서 멀지 않은 곳에 기획서를 제출하는 경우에는 번거롭더라도 직접 가서 제출하도록 한다. 만약 이메일로 제출했다면 수신확인을 꼼꼼히 체크하여 누락되는 경우를 방지해야 하며, 택배를 이용하는 경우도 수신 알림을 받도록 조치하는 것이 좋다.

---

36) 건국대학교 글쓰기연구회(2006), 『글쓰기의 기술 _ 실용편』, 도서출판 파미르, 264p.
37) 건국대학교 글쓰기연구회(2006), 『글쓰기의 기술 _ 실용편』, 도서출판 파미르, 265p.

'축제 학과 부스' 기획서에 대한 개요를 작성해 보자.

4) 아이디어 발상 기법[38]

아이디어가 현실화되면 기획의 알맹이라 할 수 있는 컨셉으로 발전할 수 있다. 그러나 노력이나 준비 없이 어느 날 갑자기 우수한 아이디어를 쏟아내는 것은 어려운 일이다. 참신함이 필요할 때 다양한 발상기법을 활용하면 체계적이고 합리적으로 아이디어를 창출할 수 있다. 그 중 세 가지를 소개하면 다음과 같다.

(1) 브레인스토밍(brainstorming)법

브레인스토밍(brainstorming)법은 미국의 알렉스 오스본(Alex Osborn)이 창안해낸 것으로, 여러 사람이 아무 제약 없이 아이디어를 쏟아내어 그 중 우수한 아이디어를 찾아내는 발상기법이다. 이 방법은 짧은 시간 안에 다양한 아이디를 얻을 수 있고, 자연스럽게 협동심과 경쟁심이 강화된다는 장점이 있다. 또한, 전원이 참여를 하고 비판을 하지 않으므로 혼자 독불장군식의 목소리 큰 사람이 없어진다. 브레인스토밍법으로 좋은 아이디어를 얻게 되면 참여자 전원이 동일한 성취감을 느끼게 되는 점도 특징이라 할 수 있다.

---

38) 이종구(2005), 『기획부터 PT까지 원스톱 플랜테이션 무작정 따라하기』, (주)도서출판 길벗, 148~165p.
김장원, 서유석, 윤혜영(2013), 『다매체시대의 글쓰기』, 도서출판 역락, 214~221p.

[표] 브레인스토밍의 규칙

- 아이디어에 토를 달거나 절대 비판 내지는 비난을 하지 않는다.
- 아이디어는 최대한 많이 쏟아낸다.
- 5명 기준으로 100개 이상 아이디어가 나올 때까지 계속한다.
- 메모지나 포스트잇을 활용해도 좋고, 서기 한 명이 기록하는 것도 좋다.
- 한 시간 정도 진행한 후 10분간 휴식을 취한다.
- 충분한 아이디어들이 모였으면 선별하여 우수한 아이디어를 찾아낸다.

연습문제 각 조에서 브레인스토밍법에 따라 다음의 주제 중 하나를 선택하여 아이디어를 도출해 보자.

- 우리 학교를 홍보할 수 있는 방법
- 우리나라의 출산율을 높일 수 있는 방법
- 인터넷 환경에서 언어를 순화할 수 있는 방법
- 학교 폭력을 줄일 수 있는 방법

(2) 로터스법

로터스법은 클로버경영 연구소의 야쓰오 마츠무라가 창안한 발상법으로, 다른 용어로는 '연꽃개화법'이라고도 불리며, 핵심 키워드를 중심으로 주변의 빈칸을 채워나가는 강제적 발상법이다. 이 방법은 아이디어 발상뿐만 아니라 실제 기획서를 작성할 때도 전체를 조망할 수 있어 매우 효율적이다.

[표] 로터스법 작성 순서

- 1단계 : 3×3그리드를 가운데에 배열한 후 기획 제목을 적고, 에워싼 8칸에는 큰 항목에 해당하는 목차를 적는다.
- 2단계 : 8칸에 적은 큰 항목을 각각 핵분열시켜 또다시 3×3그리드에 세세한 항목을 적는다.
- 3단계 : 각각 핵분열한 내용 중에서 또다시 세부사항이 있으면 파생된 키워드를 중심으로 3×3그리드를 만들어 내용을 채운다.

연습문제 로터스법에 따라 다음의 주제 중 하나를 선택하여 실행해 보자.
- 전공 공부
- 아르바이트
- 이성 친구

(3) 마인드맵(Mind-Map)법

마인드맵(Mind-Map)법은 영국의 토니 부잔(Tony Buzan)이 개발한 발상법으로, '생각의 지도'란 뜻이다. 이 발상기법은 종이 한가운데 핵심 키워드를 적고 방사형으로 가지를 쳐 나가면서 아이디어를 텍스트, 컬러, 기호, 상징 등과 함께 기재하는 방법이다. 마인드맵법은 혼자 아이디어를 창출할 때 효과적인 방법이며, 로터스법보다 규칙이 약해 생각을 자유롭게 전개해 나갈 수 있다는 장점을 지닌다.

[표] 마인드맵법 작성 순서

1. 커다란 백지 가운데에 핵심 키워드를 적는다.
2. 그림이나 캐릭터를 함께 이용하도록 한다.
3. 핵심 키워드에서 파생된 하부 항목들을 크고 작게 방사형으로 전개한다.
4. 각각의 하부 항목에서 파생되는 세부사항을 다양한 표현 재료를 이용해 적어 나간다.
5. 세부사항 중에서 파생되는 내용이 있으면 계속 가지를 치면서 확장해 나간다.

연습문제 마인드맵법에 따라 다음의 주제 중 하나를 선택하여 실행해 보자.
- 전공 공부
- 아르바이트
- 이성 친구

〈기획서 작성 능력 체크리스트〉

그렇다 : A / 보통 : B / 조금 : C / 아니다 : D

구분	세부사항	A	B	C	D	비고
기획서 작성 (80점)	1. 기획의 목적이나 목표가 명확한가?					
	2. 합리적이고 논리적으로 기술했는가?					
	3. 결정권자의 관점에서 설명되어 있는가?					
	4. 핵심 컨셉(아이디어)은 참신한가?					
	5. 최적의 정보를 수집하고 적용했는가?					
	6. 분량이 과다하거나 부족하지 않은가?					
	7. 이해하기 쉽게 작성했는가?					
	8. 오타가 있거나 맞춤법에 문제가 있지는 않은가?					
	9. 정확하게 일정과 비용을 제시했는가?					
	10. 결론은 명쾌한가?					
디자인 표현 (20점)	1. 표지 디자인은 호감을 주는가?					
	2. 디자인 통합 계획을 세웠는가?					
	3. 폰트와 컬러 배색은 적절한가?					
	4. 도해/도표/차트/사진 등은 적절한가?					
	5. 인쇄 상태와 제본 방법은 적절한가?					
(100점)	합계					

80점 이상 : 우수 / 6점 이상 : 보통 / 50점 이하 : 미흡

---

39) 이종구(2005), 『기획부터 PT까지 원스톱 플랜테이션 무작정 따라하기』, (주)도서출판 길벗, 200p.

4. 프레젠테이션(PT) 하기[40]

1) 프레젠테이션이란 무엇인가

프레젠테이션(presentation)은 '발표 또는 제시'라는 사전적 의미를 지닌 공식적 말하기의 한 종류이다. 넓은 의미에서는 우리가 각종 회의에서 하는 일상적인 보고나 의견 제시도 프레젠테이션의 한 종류라 할 수 있다. 그러나 보편적으로 프레젠테이션은 컴퓨터나 멀티미디어를 이용하여 각종 정보나 아이디어를 청중에게 전달하거나 설득하는 행위를 말한다.

프레젠테이션은 감각적이고 입체적으로 표현하는 종합적인 의사소통 방식이라고 할 수 있다. 발표자는 목소리, 몸짓, 시청각 자료 등을 효율적으로 사용하여 메시지를 전달하고, 청중은 그 메시지를 받아들일지 여부에 대해 평가를 한다. 프레젠테이션에서 발표자가 전달하는 메시지는 시청각 매체까지 포함한 총체적 이미지라 할 수 있다.

2) 프레젠테이션의 가치

프레젠테이션의 궁극적인 목적은 설득에 있다. 수업 시간에 이루어지는 강의가 비록 정보 전달에 초점을 둔다고는 하나, 강의를 하는 발표자(선생님)는 청중(학생들)이 강의 내용을 보다 잘 이해하도록 애씀과 동시에 공부의 필요성을 역설하며 실천으로 옮길 수 있게 설득한다. 일반적으로 이러한 궁극적인 목적을 이루기 위해 발표자는 다양한 매체를 사용하여 프레젠테이션을 준비하게 된다.

21세기 지식기반 사회에서는 자신의 생각과 지식을 남에게 정확히 전달하는 능력을 요구한다. 기관이나 기업에서 요구하는 프레젠테이션 능력은 내용을 구성하여 전달하는 말하기 능력뿐만 아니라 시청각 자료를 효율적으로 제시하는 능력까지를 포함한다. 실제로 사회에서 일을 잘한다고 인정받거나 고속 승진을 하는 인재들은 업무처리 능력 외에 한 가지를 더 갖고 있다. 정확한 정보를 쉽게 전달하고 상대방을 설득하고 리드하는 프레젠테이션 능력이 그것이다.

---

40) 김장원, 서유석, 윤혜영(2013), 『다매체시대의 글쓰기』, 도서출판 역락, 222~252p.

3) 프레젠테이션의 종류

프레젠테이션의 최종 목표는 발표자가 원하는 대로 청중의 마음을 움직이게 하는 것이다. 이 목표를 이루기 위해서는 효과적인 프레젠테이션 방법을 선택해야 한다. 프레젠테이션은 여러 가지 기준으로 나눌 수 있다. 그 중에서 목적에 따라 프레젠테이션의 종류를 살피면 크게 '설명 프레젠테이션'과 '설득·제안 프레젠테이션'으로 나눌 수 있다.

[표] 목적에 따른 프레젠테이션의 종류

> 1. 설명 프레젠테이션 :
>
>   실험 보고, 연구 발표, 발표 수업, 강의, 면접, 제품 설명, 업무 보고, 기업 홍보, 투자 설명회, 경과 보고, 현황 보고, 종교적 행사 등
>
> 2. 설득·제안 프레젠테이션
>
>   프로젝트 제안, 영업 제안, 전략 기획, 사업 기획, 제품 홍보, 공사 수주 등

설명 프레젠테이션은 정보를 전달하는 데에 초점을 둔다. 우리가 자주 접하는 강의, 수업 시간에 진행되는 실험 보고나 연구 발표도 정보를 전달하는 데 그 목적이 있으므로 여기에 속한다. 기업에서 하는 업무 보고나 경과 보고, 신제품 설명도 역시 설명 프레젠테이션이다.

설득·제안 프레젠테이션은 새로운 프로젝트를 제안하거나 사업을 기획하여 발표함으로써 상대방에게 동의와 지원을 얻는 데에 목적이 있다. 아무리 좋은 기획이라고 하더라도 결정권자의 마음을 얻어야 비로소 실행될 수 있으므로, 설득·제안 프레젠테이션은 설명 프레젠테이션에 비해 고도의 전략이 필요하다. 그러나 이 두 가지가 명확하게 구분되지는 않는다. 궁극적으로 모든 프레젠테이션이 청중을 '설득'하기 위한 것이라는 전제에서 본다면 설명 프레젠테이션도 설득 구조를 가지게 된다.

다음으로, 제작 도구에 따라 프레젠테이션의 종류를 살펴보면 대략 여덟 가지가 있다. 그 제작 도구에 따라 파워포인트(PowerPoint) 프레젠테이션, 프레지(Prezi) 프레젠테이션, 플래시 프레젠테이션, 디렉터 프레젠테이션, 3D 프레젠테이션, 캐릭터를 이용한 프레젠테이션, 실물·모형 프레젠테이션이 있다.[41]

---

41) 건국대학교 글쓰기연구회(2006), 『글쓰기의 기술 _ 실용편』, 도서출판 파미르, 162~164p.

4) 프레젠테이션의 과정

프레젠테이션의 과정은 크게 ① 전략 세우기, ② 시나리오 짜기, ③ 시각정보로 표현하기, ④ 설득적으로 전달하기, ⑤ 쌍방향 의사소통 과정의 다섯 단계로 나눌 수 있다.

(1) 전략 세우기

프레젠테이션을 성공적으로 이끌기 위해서는 무엇보다도 적절한 전략이 필요하다. 잘 만들어진 시각자료를 이용해 발표를 잘 하는 사람일지라도 프레젠테이션의 목표가 뚜렷하지 않으면 청중의 마음을 제대로 움직일 수 없다. 아무리 발표를 잘 하는 사람이라도 청중의 수준이나 제반 정보를 모르고 프레젠테이션을 할 경우도 마찬가지이다.

전략 세우기 단계에서는 먼저 3P를 분석해야 한다. 여기에서 3P는 '목적(Purpose)', '청중(People)', '장소(Place)'로 청중의 마음을 움직이기 위해 중요하게 분석해야 할 제반 정보이다. 성공적인 프레젠테이션을 하기 위한 전략은 결국 '프레젠테이션을 왜 하는가? 누구에게 하는가? 어디에서 하는가?'에 대한 정확한 분석에서 나오게 된다.

[표] 전략 세우기

단계	구성 원칙	주요 활동
전략 세우기	목적/목표 설정	1. 설명하기 　: 실험·실습 보고, 연구 발표, 면접, 제품 설명, 업무 보고 2. 제안이나 설득하기 　: 의사결정권자에 대한 제안이나 설득
	전략과 방향 제시	1. 청중과 관련된 정보 2. 발표자와 발표 내용 3. 발표 시간 4. 발표 장소 및 상황

연습문제
앞서 배운 기획을 바탕으로 '행사/사업 기획안'을 의사결정권자에게 프레젠테이션 할 때 바람직한 전략을 생각해 보자.

(2) 시나리오 짜기

구체적인 전략을 세운 후에는 그에 맞는 시나리오를 짜야 한다. 결국 시나리오 단계에서는 전체 내용을 구성하게 되는데, 발표 주제를 선정하고 그에 따라 표현 방법과 프레젠테이션의 제작 도구 등을 결정한다.

발표 주제를 선정한 후에는 제목을 정하고 내용을 구조화한다. 내용을 구성할 때는 주제와 관련하여 다양한 예시나 비교 자료, 객관적인 연구 결과, 통계 수치 등을 제시한다. 전체적인 내용의 구조화가 끝나면 실제 원고를 작성하고 적절한 표현 방법 및 발표 매체를 결정한다.

[표] 시나리오 짜기

단 계	구성 원칙	주요 활동
시나리오 짜기	알맞은 내용 표현 방법 매체 결정	핵심어 추출 → 제목 설정 → 전개도 작성 → 내용 구조화 → 원고 작성 → 표현 방법 결정 → 시각자료 형태 결정
	프레젠테이션의 3단 구성	1. 소개 　1) 인사 　2) 자기소개 　3) 배경 설명 　4) 결론 　5) 이야기의 순서 2. 본론 　(정보 및 설득 내용에 대한 명료한 말하기) 3. 마무리 　1) 요약 　2) 제언 　3) 질의 응답 　4) 인사

　프레젠테이션을 위한 원고는 문어표현이 아닌 구어표현이어야 한다. 프레젠테이션은 쓴 글을 읽는 것이 아니라 자연스럽게 말로 이어나가야 하기 때문이다. 발표자가 프레젠테이션을 진행하는 동안 단순히 슬라이드 내용을 읽어서는 안 된다. 함축적인 시각자료에 세세한 보충 설명을 넣어 발표용 원고를 만들어 사용하는 것이 좋다. 이 발표용 원고는 키워드를 정리해 놓거나 헷갈리는 내용을 간단히 정리한 것으로, 3×5인치 독서카드나 A4 용지에 워드프로세서로 작성하여 둔다. 작성할 때 서체의 크기는 12pt 이상은 되어야 어두운 환경에서도 쉽게 참고할 수 있으며, 줄의 간격도 200% 정도로 넉넉히 두어야 한다. 여백은 충분히 남기고 인쇄는 종이 한 면에만 하는 것이 좋다.

---

42) 조오현 외(2006), 『자기 가치를 높이는 면접과 프레젠테이션 전략』, 건국대학교출판부, 40p.
43) 건국대학교 글쓰기연구회(2006), 『글쓰기의 기술 _ 실용편』, 도서출판 파미르, 166p.

앞서 배운 기획을 바탕으로 '행사/사업 기획' 또는 '정보 전달' 프레젠테이션의 구체적인 시나리오를 작성해 보자.

(3) 시각정보로 표현하기

프레젠테이션에서 청중을 이해시키거나 설득시키는 데에 시각정보는 전략이나 시나리오만큼 중요하다. 시각정보로 표현할 때는 프레젠테이션 내용이나 목적에 따라 제작 도구를 선택할 수 있다. 최근에는 파워포인트로 작성한 슬라이드를 시각자료로 사용하는 방식이 가장 일반적이다. 파워포인트는 배우기 쉽고 수정이 간편해서 많은 기관이나 기업에서 필수적인 프레젠테이션 프로그램으로 활용하고 있다.[44] 지금부터 파워포인트를 중심으로 슬라이드를 작성하는 기본적인 방법을 살펴보기로 한다.

◎ 레이아웃의 선정

레이아웃은 슬라이드 내에서 텍스트나 도해, 차트, 이미지 등을 효과적으로 정리하고 배치하는 것이다. 파워포인트에는 각 슬라이드에 적용할 기본 레이아웃이 있어 하나를 선택하여 사용할 수 있고 직접 작성할 수도 있다.

---

44) 파워포인트를 활용할 때 가장 중요한 것은 파워포인트 설계 능력(컨텐츠 선별/템플릿 적용/프레젠테이션 시나리오 작성 등)이며, 다음으로 디자인 능력(레이아웃/컬러계획/타이포그래피/도해 작성 등)이라고 할 수 있다. (이중구, 2005:335)

[표] 슬라이드 레이아웃의 원칙

1. **통일의 원칙**

   모든 슬라이드는 컬러, 폰트, 이미지, 여백 등을 같은 컨셉으로 통일해야 한다.

2. **균형의 원칙**

   여백 및 간격을 제목, 본문, 도해, 차트 등을 균형 있게 배치해 안정감을 유지해야 한다.

3. **결합의 원칙**

   슬라이드 디자인에 사용한 본문, 이미지 등이 유기적으로 연결되어 정돈돼야 한다.

4. **강조의 원칙**

   핵심이 되는 부분은 강조해 시선을 유도해야 한다.

5. **이동의 원칙**

   삽입한 사진이나 도형 등을 먼저 볼 내용과 나중에 볼 내용에 따라 시선이 이동할 수 있도록 해야 한다.

레이아웃 선택과 함께 기본적인 디자인 서식 파일을 선택해야 하는데, 파워포인트에는 30여종의 디자인 서식이 있어 쉽게 선택하여 사용할 수 있다. 그런데 이 30여종의 디자인 서식이 결코 고급스럽거나 시각적 매력을 준다고 하기는 어렵다. 게다가 많은 사람들이 자주 사용하는 것들이라 청중의 관심을 끌기 어렵다. 독창적으로 자기만의 템플릿을 만들거나 인터넷에 공개되어 있는 잘 만들어진 것들을 찾아서 사용하기를 권장한다. 또한 슬라이드마다 다른 서식을 적용하는 것은 통일감을 무너뜨리므로 삼가야 한다.[46]

---

45) 이중구(2005), 『기획부터 PT까지 원스톱 플랜테이션 무작정 따라하기』, (주)도서출판 길벗, 224p.

46) 참고로 컬러를 배색할 때 유의사항을 살펴보기로 한다. 우선, 반대색과 보색은 자칫 유치하거나 현란해 보일 수 있기 때문에 신중하게 배색해야 한다. 또한 메일 컬러, 서브 컬러, 포인트 컬러를 구분하여 사용하도록 하고, 컬러는 최소한으로 사용하여 5가지 이상으로 넘어가지 않도록 한다(이중구, 2005:233)

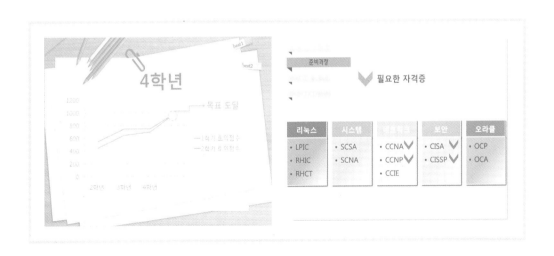

연습문제 다음과 같이 자기만의 템플릿을 만들어 보자.

◎ 디자인 유형

프레젠테이션 슬라이드의 디자인 유형은 크게 4가지로 나눌 수 있다.[47]

텍스트형

슬라이드에 정보를 텍스트 중심으로 시각화하는 디자인 유형이다.

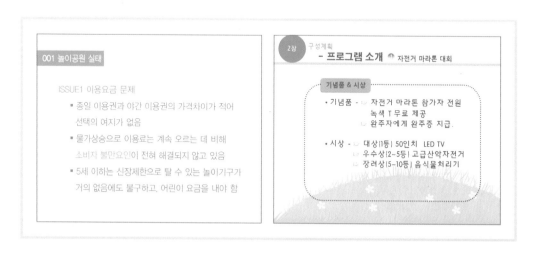

도해형

여러 가지 도형을 이용해 시각화하는 디자인 유형이다.

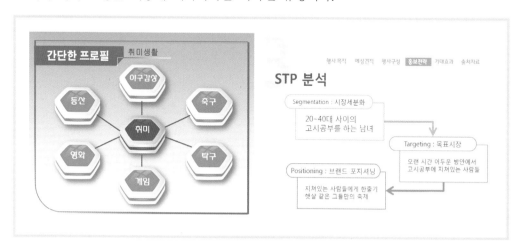

---

47) 이중구(2005), 『기획부터 PT까지 원스톱 플랜테이션 무작정 따라하기』, (주)도서출판 길벗, 244~245p.

차트형

다양한 그래프를 이용해 시각화하는 디자인 유형이다.

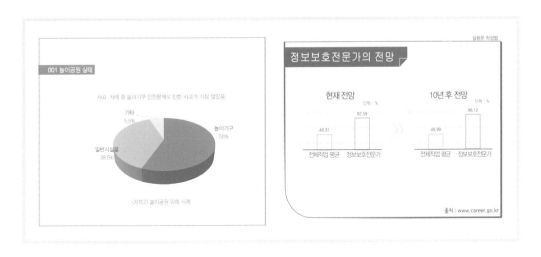

일러스트형

일러스트형은 핸드폰, 과일 등의 사물을 도형과 각종 디자인 기법을 이용해 시각화하여
이해도를 높이는 디자인 유형이다.

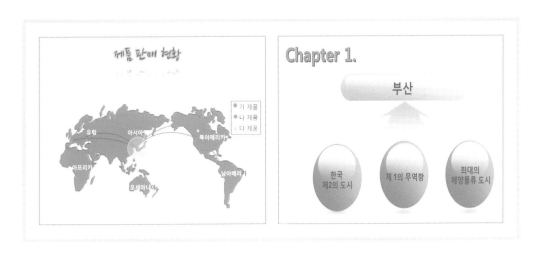

4가지 디자인 유형의 장·단점을 파악하여 적어 보자.

◎ 슬라이드의 글자[48]

글자도 결국 이미지와 같은 시각 자료의 일종이다. 청중이 조금 더 쉽게 읽고 이해할 수 있도록 글꼴을 선택하고, 글자의 크기와 간격 등을 적절히 지정해야 한다.

[표] 슬라이드의 글자

	글꼴	글자 크기
H	세리프 계열(명조 계열) : 인쇄용에 적합함 각 글자 끝에 가는 선이 있는 글꼴	제목 : 최소 30pt 이상~ 44pt 이내 한 줄이 넘지 않도록 함[49]
H	산세리프 계열(고딕 계열) : 시각자료에 적합함 각 글자 끝에 가는 선이 없는 글꼴	본문 : 14pt 이상 프레젠테이션 이전에 스크린 크기 확인해 서 정함

◎ 도해 유형

도해는 설명하려는 내용을 텍스트가 아닌 논리적 그림으로 표현한 것이다. 프레젠테이션에서 사용하는 시각정보는 청중이 빠르게 내용을 이해할 수 있게 표현해야 한다. 따라서

---

48) 조오현 외(2006), 『자기 가치를 높이는 면접과 프레젠테이션 전략』, 건국대학교출판부, 108~110p.
49) 하나의 슬라이드에 6단어 6줄 이상은 넣지 않도록 한다.

슬라이드를 작성할 때에 적절한 도해를 이용해 도식화하면 프레젠테이션을 손쉽게 이끌어 나갈 수 있다. 도해는 16가지 유형으로 나눌 수 있는데, 예를 보이면 다음과 같다.

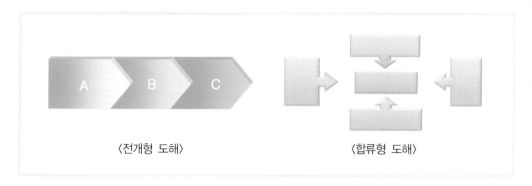

〈전개형 도해〉　　　　　　　　〈합류형 도해〉

◎ 차트 유형[50]

도해는 도형이나 선, 화살표 등을 이용해 텍스트를 논리적인 그림으로 변형한 것이고, 차트는 통계나 수치들의 관계를 시각적으로 표현한 것이다. 수치 정보를 나타낼 때에는 각각의 목적에 맞게 차트(그래프)를 이용해서 시각정보를 만드는 것이 바람직하다. 여러 차트 중에서 가장 많이 사용되는 것이 '꺾은선형 그래프, 세로막대형 그래프, 가로막대형 그래프, 원형 그래프, 점 그래프'이다.

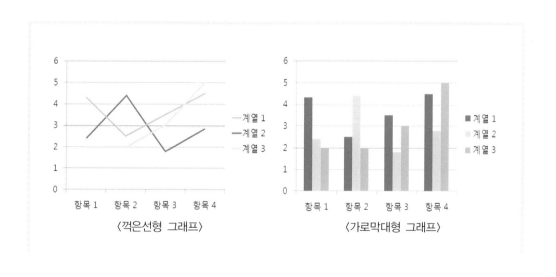

〈꺾은선형 그래프〉　　　　　　　　〈가로막대형 그래프〉

50) 이중구(2005), 『기획부터 PT까지 원스톱 플랜테이션 무작정 따라하기』, (주)도서출판 길벗, 268~271p.

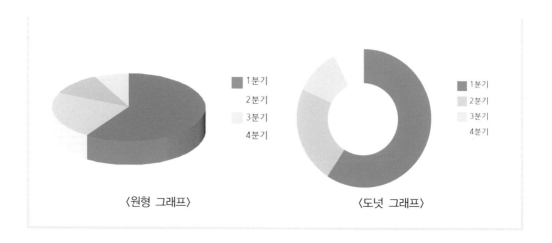

〈원형 그래프〉 〈도넛 그래프〉

연습문제 파워포인트에서 다음과 같이 수치를 입력하여 종류별 그래프를 만들어 보자.

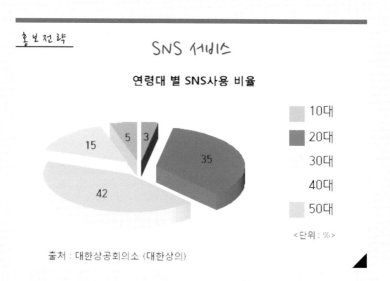

홍보전략

SNS 서비스

연령대 별 SNS사용 비율

10대
20대
30대
40대
50대

<단위 : %>

출처 : 대한상공회의소 (대한상의)

◎ 본문 슬라이드 작성 원칙[51]

슬라이드의 레이아웃을 보기 좋게 만들다가 무의식적으로 한 장의 슬라이드에 많은 정보를 삽입하는 경우가 있다. 한 장의 슬라이드에 많은 텍스트가 들어가면 자연스럽게 글자나 도표가 작아질 수밖에 없다. 청중은 텍스트를 읽거나 작은 시각 개체들을 보는 데 바빠서 발표자의 이야기에 집중할 수 없다. 결국 많은 정보를 한 슬라이드에 담으면 프레젠테이션을 성공적으로 이끌기는 어렵게 된다.

[표] 본문 슬라이드 작성원칙

1. 한 장의 슬라이드에는 한 개의 화제만 수록한다.
2. 요점을 엄선한다.
3. 글자 양을 엄격히 제한한다.
4. 용어 선택에 신중을 기한다.

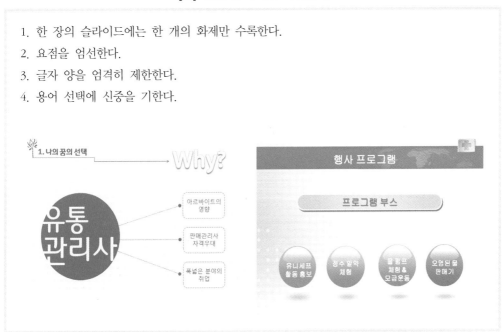

(4) 설득력 있게 전달하기

전략적 시나리오와 효과적인 시각자료가 준비되었다고 하더라도 명확하게 전달되지 않으면 의미가 없다. 프레젠테이션은 발표자의 언어적 표현과 시각자료는 물론 다양한 비언어적 표현까지 잘 어우러져야 비로소 그 빛을 발할 수 있다.

---

51) 박영찬(2011), 『스마트 프레젠테이션』, 매경출판(주), 245~248p.

발표용 원고를 단순히 외워서 실행하거나 또는 원고를 보면서 읽는 프레젠테이션은 청중의 마음을 움직이기 어렵다. 성공적인 프레젠테이션으로 이끌기 위해서는 개요 중심으로 숙지하고 거기에 살을 붙여 나가는 방법이 이상적이다. 하지만 개요만 숙지한 상태에서 발표 당일에 여러 사람들 앞에 서는 것은 무모한 행동일 수밖에 없다. 아무리 강심장을 가진 발표자라 하더라도 철저한 준비 없이 대중 앞에 서는 것은 부담스러울 수밖에 없고, 과도한 긴장감 때문에 대부분 실패의 쓴맛을 보게 된다. 자연스럽고 설득력 있는 프레젠테이션을 하기 위한 유일한 방법은 충분한 연습이다.

◎ 연습하기

성공적인 프레젠테이션을 하기 위해서 반드시 거쳐야 하는 과정이 바로 '연습'이다. 연습은 다음의 3단계로 진행하면 효과적이다.

[표] 프레젠테이션 연습의 3단계

1. 내용을 다듬어서 하는 '1단계'
2. 몸짓표현도 하는 '2단계'
3. 사람들 앞에서 하는 '3단계'

처음 1단계에서는 발표용 원고를 실제 발표하는 것처럼 읽으며, 구어적으로 어색한 부분은 없는지 강조할 부분이나 쉬어야 할 부분은 없는지 살피고 다듬어 나간다. 또한, 시각자료와 발표 내용의 연결이 자연스러운지, 설명 시간은 적당한지도 점검하면서 연습하면 효과적이다. 목소리 크기와 높낮이까지 결정하고, 입에 익숙해질 때까지 이 과정을 반복하도록 한다. 이 과정에서 발표용 원고는 다듬어지고 시각자료도 변경 제작될 수 있다.

다음 2단계에서는 수정된 원고와 슬라이드를 가지고 실제로 프레젠테이션을 하는 것처럼 몸짓(비언어적 표현)까지 섞어서 연습한다. 1단계에서 원고를 반복해서 읽어서 입에 익숙하게 만들었다면, 2단계에서는 원고를 통째로 외워서 발표하려 하지 말고 개요 중심으로 외워 반복 연습을 하도록 한다. 최악의 경우, 원고를 무작정 외웠는데 실전에서 긴장감 때문에 머릿속이 하얘져서 아무런 말도 못하고 내려올 수도 있다. 반드시 짚고 넘어가야 하는 개요

---

52) 박영찬(2011), 『스마트 프레젠테이션』, 매경출판(주), 314~317p.

를 외우고 그 부분에 대한 설명을 매순간 생각해서 말하는 연습을 하면, 자연스럽게 발표 내용이 온전히 자신의 것으로 흡수될 수 있다. 이렇게 개요 중심으로 외워서 연습을 할 때는 반드시 초시계를 이용해서 시간을 재고 발표 시간이 균일해질 때까지 연습을 진행한다. 실전에서 긴장을 하면 말이 빨라지거나 중언부언 하여 주어진 시간을 지키지 못하는 경우가 발생하곤 하므로, 시간을 엄수할 수 있도록 충분히 반복 연습을 해야 한다. 이 단계에서는 비언어적 표현까지 연습하므로, 거울 앞에서 스스로의 표정이나 동작을 관찰하거나 동영상을 촬영해서 어색한 곳이 없는지도 꼼꼼히 체크하여 조금 더 완벽한 프레젠테이션을 준비하도록 한다.

다음 3단계는 리허설 단계로 볼 수 있다. 시각자료를 이용하여 언어적·비언어적 표현까지 모두 익숙하게 해낼 수 있으면, 다른 사람들 앞에서 프레젠테이션을 하고 평가를 들어본다. 혼자서는 성공적으로 프레젠테이션을 실행하는 사람인데, 막상 다른 사람들 앞에만 서면 준비한 것의 반도 표현하지 못하는 상황을 종종 본다. 사람들 앞에서 이야기하는 것에 익숙해지지 않으면 프레젠테이션을 성공적으로 하기란 힘들다. 또한, 최종 리허설 단계에서는 프레젠테이션을 실행하게 될 장소에서 모든 기자재를 사용해서 실전과 같은 총연습을 해봐야 한다. 이미 전략 세우기 과정에서 분석한 내용이더라도 어떤 변동 사항이 있을지 단언할 수 없으므로 장소의 크기 및 설비, 연설대, 책상이나 의자의 배열, 이동 경로까지 꼼꼼히 확인을 하는 것이 좋다. 충분히 리허설을 반복한 후에는 지켜본 동료나 지인들에게 크리틱 시트(Critique Sheet : 비평용 설문서)에 따라 평가를 부탁한다. 크리틱 시트를 활용하면 자신의 프레젠테이션 능력을 향상시키는 데 도움이 된다.

◎ 실행하기

충분한 연습과 최종 리허설까지 마쳤으면 성공적으로 프레젠테이션을 실행하는 일만 남는다. 이제, 프레젠테이션을 실행할 때 발표자가 유의해야 할 점을 간략히 살펴보기로 한다.

먼저 발표자는 복장에도 신경을 써야 한다. 발표자의 복장과 태도가 어떠냐에 따라 청중과의 심적 거리가 결정될 수 있다. 복장에 있어서 발표자는 단정하고 깔끔해야 한다. 남성의 경우 짙은 색 계통의 양복과 하얀색이나 밝은 파란색 계열의 와이셔츠를 선택하는 것이 좋다. 넥타이는 너무 화려하지 않으면서 전체적으로 조화를 이룰 수 있는 것으로 선택한다. 바지 주머니의 물건들은 모두 빼고, 구두와 양말은 검은색 계열을 신도록 한다. 여성의 경우 화장이나 복장이 너무 현란하지 않도록 주의하고, 정장 스타일로 블라우스, 스타킹, 구두 등이 조화를 이루도록 코디하는 중요하다.

[표] 크리틱 시트(Critique Sheet)

이름 : 홍길동

평가내용(Evaluation Point)	Bad 3-4	Medium 5-6	Good 7-8	Excellent 9-10
외모나 복장, 태도, 인사는 바르게 하는가?				
주제전달은 명료하며 이해가 쉬운가?				
당당한 자신감과 열정으로 임하는가?				
효과적인 의사표현을 하는가?				
손짓, 몸짓은 자연스러운가?				
시선처리는 올바로 하고 있는가?				
적절한 음성과 발음, 억양으로 전달하는가?				
전달하는 말의 속도는 적당한가?				
청중의 반응은 어떠한가?				
전체적으로 청중에게 감명을 주었는가?				
총점				
장점				
단점				

평가방법 : 각 항목별로 해당 점수를 기입하거나 체크(☑)한다. 발표자의 장단점에 대하여 구체적으로 언급할 사항이 있으면 하단에 기록한다.

실전에서 무대공포는 대부분의 사람들이 경험하는 자연스러운 심리상태이다. 무대공포는 남 앞에 서본 경험이 적을수록 증세가 심하므로 남 앞에 자주 서게 되면 자동적으로 없어지게 된다. 프레젠테이션의 연습하기 3단계에서 다른 사람들 앞에서 프레젠테이션을 하고 평가를 받는 것도 결점을 최소화하고 무대공포를 극복하기 위한 과정이다. 무대공포를 극복하기 위해서 발표 당일에 할 수 있는 방법은 다음과 같다.

모든 발표가 그렇듯이 본론만큼 중요한 것이 처음과 끝이다. 인사를 시작으로 프레젠테이션을 설득력 있게 수행하였다고 하더라도 마지막이 명료하지 않으면 앞선 공이 수포로 돌아

---

53) 윌리엄 장(2006), 『1시간 만에 마스터하는 프레젠테이션』, 청림출판, 156p.

[표] 무대공포 극복하기

1. 적어도 한 시간 전에는 프레젠테이션 장소를 확인하고 분위기를 익힌다.
2. 발표를 시작하고 5분은 당연히 떨린다고 가정하여, 5분 동안 말할 것을 특별히 준비한다.
3. 발표를 시작하기 전에 껌이나 사탕, 간단한 체조로 심리적·육체적 긴장감을 줄여본다.
4. 완벽해야 한다거나 잘해야 한다는 집착 내지는 강박관념을 버린다.
5. 발표하는 내용에 대해서는 스스로가 제일 잘 안다고 믿으며 자신감을 가진다.

가게 된다. 그러므로 청중이 이해하고 마음이 움직일 수 있도록 발표 내용을 요약하고 간략히 정리하여 깔끔하게 마무리하는 것은 매우 중요하다.

⑤ 쌍방향 의사소통 과정

프레젠테이션은 발표자 혼자 메시지를 쏟아내고 끝내는 일방향적 말하기 영역이 아니다. 프레젠테이션은 효과적으로 전달하고 설득하기 위해 청중을 개입하게 하는 쌍방향 커뮤니케이션이라 할 수 있다. 따라서 성공적인 프레젠테이션은 질의응답까지 명료하게 끝내서 청중의 마음을 완전히 움직여야 가능하다.

프레젠테이션에서 가장 힘든 부분이 바로 질의응답 시간이다. 발표자가 질문에 명쾌하게 답변하는 것은 청중에게 신뢰감을 주므로 적극적으로 대비해야 하는데, 현장에서 질문의 대부분은 가벼운 질문이지만 당혹스러운 질문을 받을 수도 있다. 따라서 준비과정에서 예상질문에 대한 답변집을 작성하고, 현장에서 답변을 할 때는 간단명료하게 요약해서 답한다.

[표] 질문의 처리 순서

1단계 : 질문을 경청한다. (의도 파악/존중)
2단계 : 칭찬을 한다. (인정)
3단계 : 질문을 청중들과 공유한다. (공감대)
4단계 : 간단명료하게 답변한다. (명쾌함)
5단계 : 추가 관련사항이 있으면 언급해 준다. (성의)

---

54) 이중구(2005), 『기획부터 PT까지 원스톱 플랜테이션 무작정 따라하기』, (주)도서출판 길벗, 317p.
55) 윌리엄 장(2006), 『1시간 만에 마스터하는 프레젠테이션』, 청림출판, 161~162p.

순서	구분	〈'프레젠테이션' 통합 체크포인트〉	A	B	C	D	F
1	구상력	나는 평소 기획력이 좋다는 평을 듣는다.					
		나는 변화와 혁신을 두려워하지 않는다.					
		나는 매사 현실적이고 논리적으로 접근하기를 좋아한다.					
		나는 주변에서 육감이 뛰어나다는 평가를 자주 듣는다.					
2	분석력	나는 양질의 자료를 효과적으로 수집할 수 있다.					
		나는 정보를 체계적이고 합리적으로 관리한다.					
		나는 수집한 정보를 차등을 두어 검색하고 조합할 수 있다.					
		나는 분석력이 예리하다는 평가를 자주 듣는다.					
3	컨셉 도출	나는 아이디어 발상에 감성과 이성을 적절히 활용할 줄 안다.					
		나는 상황이나 사물을 다각도에서 관찰하고 분석한다.					
		나는 핵심 컨셉(아이디어)을 적절하게 도출하는 능력이 있다.					
		나는 아이디어맨으로 통한다.					
4	작성 능력	나는 평소 작문 실력이 남보다 뛰어나다.					
		나는 디자인 감각이 있어 기획서를 세련되게 포장할 수 있다.					
		나는 메리트 있는 기획서를 쓰는 데 부담을 느끼지 않는다.					
		나는 프레젠테이션까지 염두에 두고 기획서를 작성한다.					
5	PT 능력	나는 감성과 이성을 적절히 활용해 PT를 할 수 있다.					
		나는 항상 자신감과 열정을 가지고 PT를 할 수 있다.					
		나는 멀티미디어와 디자인을 잘 활용할 수 있다.					
		나는 남을 효과적으로 설득할 수 있는 노하우가 있다.					

85~100점 : 최상 / 65~85점 : 우수 / 45~65점 : 보통 / 45점 이하 : 자기개발 필요

1. 할머니께서는 둘로 나뉘어진 우리나라가 빨리 통일이 되어야 우리 모두 잘 살 수 있다고 항상 말씀하신다.

2. 부모님께서는 항상 언행을 삼가하라고 가르치신다.

3. 다음에는 회장님의 말씀을 듣도록 하겠습니다.

4. 나는 바쁜 일정 속에서 설을 쇴기 때문에 기진맥진하여 일찍 잠자리에 들었다.

5. 나는 정오도 안 되서 배가 고파 식당으로 내려갔다.

6. 그는 미국으로 유학을 결정한 후 일체 소식이 없었다.

7. 나는 잠시 가게에 들려 빵 한 봉지를 샀다.

8. 그녀는 그의 낡은 옷을 보다가 옷장에서 반짓고리를 꺼내어 가지고 왔다.

9. 아버지께서는 밥 한 그릇을 금새 드시고 방으로 들어가셨다.

10. 내 친구가 그러는데 마크는 결국 한국에 적응을 못하고 미국으로 돌아갔데.

11. 오늘은 웬지 좋은 소식이 올 것만 같아.

12. 나는 기분 좋은 설레임에 잠을 잘 수 없었다.

13. 그럴 듯한 명분 뒤에는 철저히 돈벌이를 염두해 둔 상업주의가 숨어 있다.

14. 우리나라 사람들은 과정이야 어쨌든 결과만 빨리 얻으면 된다고 생각하는 경향이 있다.

15. 몇일 지나니 나뭇가지에서는 파릇파릇 움이 돋고 땅에서는 귀여운 싹이 나왔다.

16. 두 달이 지나고 내 두 평짜리 화단에는 두 평에 알맞는 만큼의 화초만이 남게 되었다.

17. 어머니께서는 수돗물을 제대로 잠구지 않는다고 늘 나를 꾸짖으셨다.

18. 대학 생활은 자율에 익숙치 않은 나에게 진정한 자율을 배울 수 있는 좋은 기회라고 생각한다.

19. 정보를 모르거나 부족한 사람은 씁슬한 결과를 맛보게 되는 세상이 되었다.

20. 넉넉치 못한 살림에도 평생 모은 재산을 사회에 환원하는 사람들의 미덕을 본받아야 한다.

21. 동생은 어머니를 도와 설겆이를 하고 나는 집안 청소를 하였다.

22. 동생은 먹다 남은 찌개와 온갖 반찬 찌꺼기를 쓰레기통에 버리려고 하였다.

23. 나는 몸이 너무 여의어서 체중을 늘리라는 의사의 진단을 받았다.

24. 하교길에 잠깐 체육실에 들러서 선생님께 상담을 요청하였다.

25. 우리는 식당에 가서 순댓국과 북어국을 시켰다.

26. 거짓말하고 들통이 나면 망신 당하기 쉽상이다.

27. 그 아이는 이 일을 하기에는 나이가 너무 어리고, 더우기 몸도 너무 약하다.

28. 그의 익살과 재주는 모인 사람들을 웃기는 데 한목을 톡톡히 했다.

29. 바로 엇그저께의 일 같은데 벌써 일 년이 지났다니 세월 참 빠르다.

30. 어머니는 우리가 학교에서 돌아올 때마다 얼굴에 미소를 가득 띄우고 달려 나오시곤 하셨다.

31. 큰일을 하기 위해서는 그만한 댓가가 필요하다.

32. 사과는 우리 고장의 특산품으로써 각지로 수출되고 있다.

33. 그는 땀을 뻘뻘 흘려 가며 얼큰하게 끓인 육계장을 먹었다.

34. 어제 서쪽 산 너머로 꼴깍 넘어갔던 햇님이 오늘 아침 동쪽 산에서 얼굴을 쏙 내밀었습니다.

35. 공부를 잘한다던지 운동을 잘한다던지 무엇이던 하나는 잘해야 한다.

36. 나는 그녀에 대해서라면 속속들이 잘 알고 있다.

37. 오늘은 일진이 좋을런지 아침부터 기분이 좋다.

38. 나는 이 집에 눈꼽만큼의 미련도 없다.

39. 시간이 계신 분은 모두 참석하시기 바랍니다.

40. 전국대학생연합 워크숍에서 대학생으로서 리더쉽을 발휘했다.

참고 문헌

건국대학교 글쓰기연구회(2006), 『글쓰기의 기술 _ 실용편』, 도서출판 파미르.

건국대학교 글쓰기연구회(2012), 『창의적 글쓰기의 기법』, 조율.

교재 편찬위원회(2019), 『글쓰기와 커뮤니케이션』, 태학사.

김경태(2006), 스티브잡스의 프레젠테이션, 멘토르.

김동우(2011), 『이공계 글쓰기 노하우』, 생능출판사.

김명우 외(2013), 『사고와 표현-인문사회 계열』, 도서출판 역락.

김은하 외(2016), 『인문사회글쓰기』, 쿠북.

김장원 외(2010), 글쓰기와 스토리텔링, 박이정.

김장원(2012), 소외계층과 인문학의 상관성 연구, 『문학치료연구』 25, 한국문학치료학회, 203
～226쪽.

김장원, 박선경, 윤혜영(2018), 『사고와 표현 말하기와 듣기』, ㈜박이정.

김장원, 서유석, 윤혜영(2013), 『다매체 시대의 글쓰기』, 도서출판 역락.

김진희 외(2012), 『단계별로 익히는 실전 글쓰기』, 도서출판 역락.

나카노 아키오(2003), 『기획서 잘 쓰는 법』, 21세기북스.

대한상공회의소 홈페이지(2007), 프레젠테이션 기획/발표 표준교재.

박선경(2017), 다층 분기(分岐)되는 주체와 무너지는 서사 형식 : 최인석 작품을 통해본, 포스트모
던적 인식론과 방법론 일 고찰, 『현대소설연구』 66, 한국현대소설학회, 139~172쪽.

박아르마, 이찬규(2004), 글쓰기란 무엇인가, 여름언덕.

박영찬(2011), 『스마트 프레젠테이션』, 매경출판(주).

사고와 글쓰기 교재편찬위원회(2015), 『사고와 글쓰기』, 쿠북.

서강대학교 교양국어교재편찬위원회(2006), 움직이는 글쓰기, 서강대학교출판부.

서인석, 박종갑(2007), 인문계열 직업세계와 맞춤형 글쓰기, Pegasus.

윌리엄 장(2006), 『1시간 만에 마스터하는 프레젠테이션』, 청림출판.

윤혜영(2016), '뜻풀이대상 형식인용' 구조를 기반으로 한 도움토씨 '-이란'의 문법화 과정 고찰,
『한말연구』 39, 201~226쪽.

윤혜영(2019), '너기다'류에 나타난 어찌마디 연구 -20세기 초 신소설을 중심으로-, 한말연구 52,
171~203쪽.

이광주 외(2003), 글쓰기의 쾌락, 신동아.

이만식, 김용경(2017), 『글쓰기와 말하기를 어떻게 할 것인가』, 한올출판사.

이은철(2006), 튀는 인재의 이력서와 자기소개서, 새로운 사람들.

이중구(2005),『기획부터 PT까지 원스톱 플랜테이션 무작정 따라하기』, (주)도서출판 길벗.

장용진(2002), 프레젠테이션의 모든 것, 청림출판사.

정수현(2017), 관형사와 접두사 경계의 모호성 고찰,『인문과학연구』52, 강원대학교 인문과학연구소, 267~292쪽.

조오현 외(2006),『자기 가치를 높이는 면접과 프레젠테이션 전략』, 건국대학교출판부.

하영목·최은석(2007), 프레젠테이션의 정식, 팜파스.

한라대학교 교양교직과정부(2010),『다매체 시대의 실용적 글쓰기』, 동일출판사.